ファミリー・バイオレンスと地域社会

―― 臨床社会学の視点から ――

井上眞理子 著

多賀出版

目　次

第Ⅰ章　家族と暴力：ファミリー・バイオレンスとは何だろうか？ 3

Ⅰ-1　「暴力」と「権力」 3
Ⅰ-2　「ファミリー・バイオレンス」を定義する 4
Ⅰ-3　ファミリー・バイオレンスの現状 8
Ⅰ-4　外国におけるファミリー・バイオレンス：児童虐待を中心に 29

第Ⅱ章　ファミリー・バイオレンス発生のメカニズム 37

Ⅱ-1　リスク要因論 37
Ⅱ-2　家族システム論 44
Ⅱ-3　入れ子型エコロジカル理論（Nested Ecological Theory） 51

第Ⅲ章　家族システムの複雑な様相とファミリー・バイオレンス 55

Ⅲ-1　プロセスの中の配偶者暴力 56
Ⅲ-2　ポジティヴ・フィードバックとネガティヴ・フィードバック 59
Ⅲ-3　家族はメンバー間の相互作用がコミュニケーション、情報交換によって成り立っている社会システム 64

第Ⅳ章　家族維持から家族介入へ：日本における児童虐待への対応を例にとって……69

- Ⅳ-1　法的対応の変化　69
- Ⅳ-2　アメリカにおける児童虐待への対応の変化：家族維持から家族介入へ　74
- Ⅳ-3　家族介入的方法としての子の施設入所とその問題点：平成20年調査に基づいて　76

第Ⅴ章　地域社会を基盤とした児童虐待への取組……91

- Ⅴ-1　地域社会を基盤とする虐待への取組についての二つの議論：アメリカの場合　91
- Ⅴ-2　「児童虐待への政策的対応についての調査」：平成17年、24年調査の結果と分析　98

第Ⅵ章　少年による家庭内暴力発生のダイナミクスと有効な支援……117

- Ⅵ-1　入れ子型エコロジカル理論から見た少年による家庭内暴力　117
- Ⅵ-2　「少年による家庭内暴力調査」平成22～23年、平成28年調査の結果と分析　125

第Ⅶ章　ファミリー・バイオレンスの臨床社会学……139

- Ⅶ-1　臨床社会学とは何か　139
- Ⅶ-2　臨床社会学の方法論的特性とファミリー・バイオレンス研究への応用　141

文献一覧　151
調査票　155
あとがき　169

ファミリー・バイオレンスと地域社会：臨床社会学の視点から

第Ⅰ章　家族と暴力：ファミリー・バイオレンスとは何だろうか？

Ⅰ-1　「暴力」と「権力」

　この本は、児童虐待、子の親に対する暴力、配偶者暴力、高齢者虐待等を含む「ファミリー・バイオレンス」を家庭裁判所家事調停委員（筆者は2002年から2015年まで京都家庭裁判所家事調停委員を務めた）としての筆者の経験を交えながら分析・検討しようという意図のもとに書かれた。

　まず初めにそもそも「暴力」とは何かについて考えていきたい。「暴力」と似てはいるが異なる概念として「権力」がある。M. ウェーバーによる権力の定義「或る社会関係の内部で抵抗を排してまで自分の意志を貫徹するすべての可能性を意味する」（Weber, 1922／清水幾太郎訳、1972：86）はよく知られている。「抵抗を排してまで」という言葉から推測されるように、この定義では〈強制〉、〈排除〉、〈抑圧〉といった権力の側面が強調されている。しかし時代が下ってくると、権力の異なる側面が強調されるようになる。G. A. セオドアソンと A. G. セオドアソンの定義では「権力とは個人または集団がその意志または政策を実行し、他者が協力する意志の有無にかかわらず、かれらの行動を統制（control）、操作（manipulate）、あるいは影響（influence）を与える能力である」（Theodorson & Theodorson, 1969）とされ、また J. W. ティボーと H. H. ケリーは「AのBに対する権力とは、Bの獲得する［行動の］の結果の質に対して、Aが影響をおよぼし得る能力である」と定義した（Thibaut & Kelley, 1959）。これらの定義をまとめると、権力は「統制」と等置し得ることになり、ウェーバーの定義において権力の主要な要素であった強制は、権力の一形態ということになる。また M. フーコーの「生—権力」論以来、権力の対象における「自発的服従」が強調され、「強制」と「権力」を概念的に区別する議論が多い。

力の不行使としての暴力

では「暴力」はどうであろうか。近代法における暴力の定義としては、「他者の意思に反する不法な力の行使」(Walff, 1977：54-72) があり、「暴力」は広義の権力とは区別される強制につらなる力の行使と位置づけられる。このような暴力はその対象である人において「自分以外の人たちとの関係の中で自分自身であり得るという信念を破壊」し、人を「無力化（disempowerment）」しまた「断絶化（disconnection）」する（Herman, 1992／中井久夫訳、1996：78, 115）。しかし、この近代法の立場からの定義は、二つの問題点の存在を筆者に感じさせる。その一は暴力の定義を「不法」な力の行使に限定することで、「国家の暴力」（戦争等）や「法の暴力」（死刑や刑罰等）を「暴力」の埒外におくことである。その二としては、暴力の中には「力の不行使」による暴力があり、特にファミリー・バイオレンスにおいては、今日それが社会問題となっている。近代法は社会生活を「公」の領域と「私」の領域とに分け、「公」の領域のみに直接介入できると考えてきたが、その間に「私」の領域での力の行使、不行使による暴力は放置されてきた。問題点の一については、「集団的自衛権」の行使を容認する法が制定された今日において検討されるべき重要な課題であるが、本稿のテーマとはずれるので、別の場で考えていきたい。二については、次節以降で詳しくみていくことにしたい。

I-2 「ファミリー・バイオレンス」を定義する

○市2児遺棄致死事件

2010年○市Ｎ区で発生した母親による2児遺棄致死事件について少し詳しく見て、ファミリー・バイオレンス、すなわち「家庭」における「暴力」とは何かを考えるてがかりとしたい。事件を起こした母親（23歳）は、高等専修学校卒業後ほとんど就労経験無く、19歳で同い年の元夫と結婚、5ヶ月後に長女を出産した。そのころ母親はインターネット上の自らのブログにこう記している。「ハタチになって1週間後、待望の娘を出産。だんだん大きくなるおなか、私は1人じゃないんだと思わせてくれた小さな命。わが子に対面した時は、言葉にならないほど嬉しかった」。その翌年には長男を出産したが、妊娠中には「桜子が無事に生れてとなりにいて、そしておなかの中には赤ちゃん。幸せに思う。これってわたし

も母親として少しは成長できたんだろうか」とブログに記していた（2010年7月31日付讀賣新聞）。しかし長男出産の翌年に離婚、名古屋市内の飲食店勤務を経て、さらに翌年O市へ移転し風俗店に勤務するようになった。風俗店の寮であるN区のマンションで子ども2人との生活が始まったが、ほどなく子どもに食事を与えたり風呂に入れたりするのが嫌になり「子どもなんていなければいいのに」と思うようになった。事件が発生した2010年の6月下旬には子ども2人を残してマンションを出て友人宅を転々とし、7月末に帰宅したおりに2人が亡くなっているのを発見したが放置した。事件は異臭に気づいた近隣からの警察への通報で発覚したが、それ以前に置き去りにされた子ども達が泣き叫ぶ声をマンション住人の1人が訝しく思い、3回児童相談所に通報したが適切に対応されなかった。この時の対応が適切であれば子ども達は死亡していなかっただろう。母親は起訴され、上告を重ね最高裁で懲役30年の刑が確定した。

　母親にとって「家庭」は「可愛い子どもと毎日のほほんと過ごせることが本当に幸せ」（彼女のブログから）な場所かもしれないが、子どもにとっては必要なケアを与えられなければたちまち生命の危機に瀕し死に至る戦慄すべき場所である。生死はすべて親の裁量にかかっており、とりわけ家族集団のメンバー数が少ない近代的核家族においてそれが言える。もちろんこの事件の背後には、離婚して子どもを抱えた若い母親が正規雇用の職に就く事は現代日本社会において極めて困難であり、子どもと住める寮まで提供してくれる風俗店勤務は手っ取り早い生計の道であること、母親自身のライフ・ヒストリーとして、幼い時に両親が離婚し父親に育てられたが、彼は県下の高校ラグビーの有名な指導者でいわば「男の世界」に没頭しており娘のことにあまり関心を持たなかったこと等の重要な要因がある。しかしそれらを考慮に入れても、やはり「子どもをケアし社会化する場」という家庭・家族集団の本質は変わらない。家庭がそのような場であるからこそ、「力を行使して（効力を発揮し）ケアを行う」ということをしないすなわち力の不行使は、子どもに何らかの損傷を与え、生命を危うくする「暴力」なのである。他の集団とは区別される家族集団の特性が、「ファミリー・バイオレンス」の特性に影響を与える。これまで見てきたのは離婚後の若いシングル・マザーの家庭のケースであったが、子ども虐待は成年の両親が揃った家庭においてまた行政の介入があったにも拘らず発生している。

N県X市男児虐待死事件（プライバシー保護のため所在地等が判明しないようにしている）

　2016年4月、N県X市において2歳4か月の男児が3歳7か月の姉とともに実父によってプラスチック・ケースに閉じ込められ、翌日搬送先の病院で窒息による低酸素脳症で死亡する事件が発生した。虐待が発生した家庭は、父親（39歳）は会社員、母親（35歳）は専業主婦で2人の間に第1子として3歳7か月の女児、第2子として2歳4か月の男児がいた。被害男児が4か月時に市の乳児家庭全戸訪問事業で保健師が家庭訪問を行った。その際、母親は男児を出産する前に受けた手術の影響や子どもの夜泣きのため体調不良や育児に対する疲労感を訴えた。それに基づきX市健康課は、養育支援訪問事業を提案したが、母親は「家族で頑張る」と断った。2015年6月に被害男児の姉が週3回支援センターに通所することになり、養育支援訪問事業が実施されることになった。しかし支援の対象は、体調不良や育児に対する疲労感を訴えている母親と被害男児の姉であり、のちに虐待死事件を引き起こす父親と被害男児は対象ではなかった。2015年12月、当該家庭から「子どもの泣き声が聞こえる」という通報が児童相談所になされた。同じころ長女が通所していた支援センターでも長女の頭部の傷やあざに気づき、また母親の暴力肯定的な言動も認めていたが、関係機関への通告や情報共有はなされていなかった。また児童相談所に対する虐待通告に対しても、「情報が不明な点が多い」という理由でリスク・アセスメントがなされず「虐待の危惧あり」の段階でとどまってしまった。そして年が明けた2016年4月に事件が発生した。実父は男児に対する監禁致死罪、および姉に対する監禁罪容疑で逮捕され、同日警察から児童相談所に対して通告がなされた。また母親についても男児および姉に対する監禁致死幇助容疑で書類送検されたが不起訴となった。第一審で父親に対して懲役3年の実刑判決が下されたが、父親側は控訴している（N県子どもを虐待から守る審議会　児童虐待重症事例等検証部会、2016）。

　二つの事例で示されたように、ファミリー・バイオレンスは典型的な核家族においてもまた単親家族においても発生する。暴力の内容も積極的な行為である場合もあり、なすべきことをしないことによって相手に損傷を与える場合もある。これらを踏まえて「ファミリー・バイオレンス」の定義を見ていくことにしたい。

ファミリー・バイオレンスの定義

　全米家庭医協会（American Academy of Family Physicians, 2004）のファミリー・バイオレンスの定義は次のようである。「家族メンバー、親密なパートナー、養護者による子ども、成人、高齢者に対する意図的な虐待あるいは脅迫であり、犠牲者に対して権力を得て彼らをコントロールするために行われる。虐待には多様な形態があり、身体的・性的暴行、情緒的・心理的虐待、経済的虐待、個人の人権侵害等が含まれる」。この定義の特徴は、まず「家族」の範囲を極めて広くとっていることである。「親密なパートナー」の中には、法律婚・事実婚関係の配偶者と元配偶者、恋人、ボーイフレンド・ガールフレンド、同性愛関係のパートナー、等が含まれており、アメリカではファミリー・バイオレンスより「親密なパートナー間の暴力」（Intimate Partner Violence IPV）の語が用いられることが多い。次にこの定義においては、「権力」を得、他者をコントロールしようとする「意図」が強調されている。先の「権力」の定義にもあるように、目指すところは他者のコントロールにあり、手段として「暴力」が用いられる場合と、未だ用いられない場合とが含まれている。定義では、暴力を用いる場合を「虐待」とし、未だ暴力が用いられていないが、たとえば「～しなければ殴るぞ」というふうにネガティヴ・サンクションとしての暴力を予告して他者を統制する場合を「脅迫」としている。しかし、この定義においては、虐待として挙げられた例からもわかるように、「力の不行使としての暴力」は含まれていない。すなわち、先に見たO市N区2児遺棄致死事件のように必要なケアを行わないという「ネグレクト」のケースである。「ネグレクト」は日本において、児童虐待の類型別内訳の中で、年々その割合を増加させてきており、またアメリカ、イギリス等の国では児童虐待の類型別内訳のなかで最も多い類型となっている。

不作為のファミリー・バイオレンスとしてのネグレクト

　ネグレクトをも含んだファミリー・バイオレンスの定義は次のようになる。「ファミリー・バイオレンスとは、家族メンバーの作為および不作為の行為で、個人の健全な発達を阻害する身体的虐待、性的虐待、情緒的虐待、その他の形態の不適切なとり扱い（maltreatment）を含む」（Levesque, 2001：13）。この定義においては最も広義の概念として「不適切な取り扱い」（maltreatment）があり、その中に「作為」（commission）と「不作為」（omission）が含まれている。作為

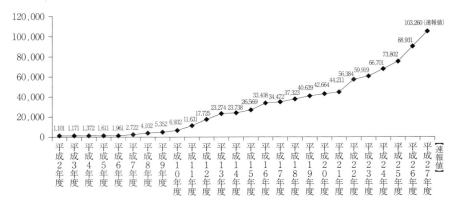

出所:厚生労働省「平成27年度 児童相談所での児童虐待相談対応件数〈速報値〉」2016年8月。

図1 児童虐待相談対応件数の推移

とは積極的挙動（すること）を意味し、不作為とは消極的挙動（しないこと）を意味する。児童虐待を例にとれば身体的虐待、性的虐待は親権の濫用（abuse）で作為＝力の行使にあたり、ネグレクトは親権の不行使で、不作為＝力の不行使にあたる。

I-3 ファミリー・バイオレンスの現状

①児童虐待

　平成27（2015）年度中に全国の児童相談所が相談を受け、指導や措置等の対応を行った件数は、10万3,260件（図1）で、対前年度比は116.1％であり、過去最多となった。児童相談所における養護相談の理由別処理件数の統計に「虐待」の項目が入ったのは、平成2（1990）年度からでその時の件数は1,101件であった。したがって児童虐待相談対応件数は、25年間で約100倍弱になったことになる。その間、児童虐待防止法（正確には「児童虐待の防止等に関する法律」）が平成12（2000）年5月に公布されまた数次にわたって改正されたが、相談対応件数が減少することはなく増加の一途をたどってきた。もちろんその理由として、テレビ・新聞等のマスメディアによる児童虐待事件の報道あるいは行政機関の啓発活

表1　児童相談所での虐待相談の内容別件数の推移

	身体的虐待	ネグレクト	性的虐待	心理的虐待	総数
平成18年度	15,364 (41.2%)	14,365 (38.5%)	1,180 (3.2%)	6,414 (17.2%)	37,323 (100.0%)
平成19年度	16,296 (40.1%)	15,429 (38.0%)	1,293 (3.2%)	7,621 (18.8%)	40,639 (100.0%)
平成20年度	16,343 (38.3%)	15,905 (37.3%)	1,324 (3.1%)	9,092 (21.3%)	42,664 (100.0%)
平成21年度	17,371 (39.3%)	15,185 (34.3%)	1,350 (3.1%)	10,305 (23.3%)	44,211 (100.0%)
平成22年度	21,559 (38.2%)	18,352 (32.5%)	1,405 (2.5%)	15,068 (26.7%)	56,384 (100.0%)
平成23年度	21,942 (36.6%)	18,847 (31.5%)	1,460 (2.4%)	17,670 (29.5%)	59,919 (100.0%)
平成24年度	23,579 (35.4%)	19,250 (28.9%)	1,449 (2.2%)	22,423 (33.6%)	66,701 (100.0%)
平成25年度	24,245 (32.9%)	19,627 (26.6%)	1,582 (2.1%)	28,348 (38.4%)	73,802 (100.0%)
平成26年度	26,181 (29.4%)	22,455 (25.2%)	1,520 (1.7%)	38,775 (43.6%)	88,931 (100.0%)
平成27年度	28,611 (27.7%)	24,438 (23.7%)	1,518 (1.5%)	48,693 (47.2%)	103,260 (100.0%)
（速報値）	（+2,430）	（+1,983）	（−2）	（+9,918）	（+14,329）

出所：厚生労働省「平成27年度児童相談所での児童虐待相談対応件数〈速報値〉」2016年8月。

動等により、一般市民の児童虐待に対する意識が高まり通告が増加したという認知的要因は存在する。あるいは子どもの面前で配偶者暴力（DV）を行うこと等、虐待の中に含められる行為が増えたこともの一つであろう。しかしそれらは、従来見過ごされてきた潜在的児童虐待が顕在化したことを意味しているに過ぎず、児童虐待問題の深刻さは変わらないのである。

　児童相談所への虐待相談の内容別件数については、平成27年度においては「心理的虐待」が最も多く4万8,693件で全体の47.2％と半数近くを占め、続いて「身体的虐待」が2万8,611件で27.7％、「ネグレクト」が2万4,438件で23.7％、「性的虐待」が1,518件で1.5％となっている（表1）。

心理的虐待と配偶者暴力

　「心理的虐待」が実数においてもまた全体に占める割合においても激増していることが特に注目される。その要因の一つとして、子どもの目の前で配偶者暴力がある事案（面前DV）について警察からの通告が増加したことが挙げられる。「面前DV」が心理的虐待の中に含められたのは平成16（2004）年の児童虐待防止法の改正によるものである。改正された法において心理的虐待とは第2条第4項において「児童に対する著しい暴言又は著しく拒絶的な対応、児童が同居する家庭における配偶者に対する暴力（配偶者［婚姻の届出をしていないが、事実上婚姻関係と同様の事情にある者を含む］の身体に対する不法な攻撃であって生命又は身体に危害を及ぼすもの及びこれに準ずる心身に重大な影響を与える言動を

表2　児童相談所での虐待相談の

	家族	親戚	近隣知人	児童本人	福祉事務所	児童委員	保健所
18年度	5,700 (15%)	1,042 (3%)	5,475 (15%)	452 (1%)	5,672 (15%)	472 (1%)	374 (1%)
19年度	5,875 (14%)	1,558 (4%)	5,756 (14%)	501 (1%)	6,311 (16%)	346 (1%)	363 (1%)
20年度	6,134 (14%)	1,147 (3%)	6,132 (14%)	558 (1%)	6,053 (14%)	319 (1%)	282 (1%)
21年度	6,105 (14%)	1,237 (3%)	7,615 (17%)	504 (1%)	5,991 (14%)	317 (1%)	226 (1%)
22年度	7,368 (13%)	1,540 (3%)	12,175 (22%)	696 (1%)	6,859 (12%)	343 (1%)	155 (0%)
23年度	7,471 (12%)	1,478 (2%)	12,813 (21%)	741 (1%)	6,442 (11%)	327 (1%)	202 (0%)
24年度	7,147 (11%)	1,517 (2%)	13,739 (21%)	773 (1%)	6,559 (10%)	293 (0%)	221 (0%)
25年度	7,393 (10%)	1,554 (2%)	13,866 (19%)	816 (1%)	6,618 (9%)	290 (0%)	179 (0%)
26年度	7,806 (9%)	1,996 (2%)	15,636 (18%)	849 (1%)	7,073 (8%)	281 (0%)	155 (0%)
27年度 (速報値)	8,872 (8%) (+1,066)	2,059 (2%) (+63)	17,406 (17%) (+1,770)	929 (1%) (+80)	7,131 (7%) (+58)	246 (0%) (-35)	192 (0%) (+37)

出所：表1に同じ。

いう）その他児童に著しい心理的外傷を与える言動を行うこと」と定義されている。表1によって改正直後の平成18（2006）年には、心理的虐待は6,414件（17.2％）であったものが9年後の平成27（2015）年には、4万8,693件（47.2％）と激増していることがわかる。また警察からの通告は表2によって平成18年には、2,726件で全体の7％を占めるに過ぎなかったが、平成27年には3万8,522件で全体の37％を占め通告者に占める割合が最も多くなっている。法律婚、事実婚を問わない家族集団の中での配偶者暴力およびその警察への通報の増加が、子どもに対する心理的虐待の増加につながっていると言える。

ネグレクト：不作為の暴力

　ネグレクトはⅠ-2において、不作為のファミリー・バイオレンスとして紹介したものであり、児童虐待防止法第2条第3項において次のように定義されてい

経路別件数の推移

医療機関	児童福祉施設	警察等	学校等	その他	総数
1,522	1,472	2,726	5,688	6,728	37,323
(4%)	(4%)	(7%)	(15%)	(18%)	(100%)
1,683	1,438	4,048	5,241	7,519	40,639
(4%)	(4%)	(10%)	(13%)	(19%)	(100%)
1,772	1,552	6,133	4,886	7,696	42,664
(4%)	(4%)	(14%)	(11%)	(18%)	(100%)
1,715	1,401	6,600	5,243	7,257	44,211
(4%)	(3%)	(15%)	(12%)	(16%)	(100%)
2,116	1,584	9,135	5,667	8,746	56,384
(4%)	(3%)	(16%)	(10%)	(16%)	(100%)
2,310	1,516	11,142	6,062	9,415	59,919
(4%)	(3%)	(19%)	(10%)	(16%)	(100%)
2,653	1,598	16,003	6,244	9,954	66,701
(4%)	(2%)	(24%)	(9%)	(15%)	(100%)
2,525	1,680	21,223	6,498	11,160	73,802
(3%)	(2%)	(29%)	(9%)	(15%)	(100%)
2,965	1,714	29,172	7,256	14,028	88,931
(3%)	(2%)	(33%)	(8%)	(16%)	(100%)
3,078	1,725	38,522	8,180	14,920	103,260
(3%)	(2%)	(37%)	(8%)	(14%)	(100%)
(+113)	(+11)	(+9,350)	(+924)	(+892)	(+14,329)

る。すなわち「児童の心身の発達を妨げるような著しい減食又は長時間の放置、保護者以外の同居人による前二号（著者注：身体的虐待および性的虐待）又は次号に掲げる行為（著者注：心理的虐待）と同様の行為の放置その他の保護者としての監護を著しく怠ること」である。表１では、平成27年度において心理的虐待が最も多くて47.2％、次いで身体的虐待が27.7％、そしてネグレクトは身体的虐待とあまり差が無い23.7％であった。しかし厚生労働省「平成27年度福祉行政報告例」の「市町村における児童相談対応件数：相談の種類別」では、ネグレクトが３万2,844件で最も多く、次いで心理的虐待の３万1,934件、身体的虐待の２万7,603件、性的虐待の1,077件となっている。筆者は前著（井上、2005：57）において、平成14（2002）年度と平成11（1999）年度とを比較し、虐待の全体に占める各類型別割合の３年間の推移を見た。その結果ネグレクトが大幅に増加したことから、今後日本の児童虐待においてネグレクトが増加していくのではないかと

述べていた。

　ネグレクトと心理的虐待は「現代社会の児童虐待」とも言える。身体的虐待は明らかにそれと認識できる「行為」であるが、心理的虐待とネグレクトは、継続的な「状態」であって、確認するのが難しい（Kelley & Totten, 2002：58）。これら二つの虐待についての相談件数は上記の諸統計によって多いのがわかるが、それでもなおそれらが「確認しがたい状態」であるゆえに、さらに多くの暗数が存在すると思われる。またその「確認しがたさ」は虐待を発覚しにくくするので、意図的にこれらの類型を選択する加害者もいるのではないか。

　先に挙げた児童虐待防止法における定義はその範囲がかなり狭く取られているが、アメリカの研究ではさらに広汎な行為がネグレクトに含まれている（Erickson & Egeland, 2002／Hines & Malley-Morrison, 2005：135）その第1は「身体的ネグレクト（Physical neglect）」でネグレクトとして最も知られているものであり、保護者が食事、清潔、保護等子どもの身体的欲求の充足を怠ることである。第2は、「情緒的ネグレクト（Emotional neglect）」で、保護者が子どもの基本的情緒的欲求の充足を怠ることを意味し、例として泣き叫ぶ子どもを抱き上げたりまた傍に行ってやることをしない、あるいは傷心の子どもを慰めてやらない等があげられている。しかし子どもの基本的情緒的欲求が何かということになると、そこに文化的差異の問題が生じるのではないか、という意見もある（Korbin, 1980）。たとえば西欧の中産階級の家庭では、子どもが幼いうちから個室を与え夜は一人でその部屋で寝るようにしつけるが、他の文化から見ればこれは子どもの基本的情緒的欲求を無視したネグレクトではないか、という議論である。また別の問題としては、情緒的ネグレクトの一部は、心理的虐待のうちに含まれるのではないか、ということがある。心理的虐待のうち子どもに対する著しい暴言は積極的行為であるのでネグレクトには含まれないが、子どもに対する無視や拒絶的な対応は「なすべきことをしないこと＝消極的挙動」であり、情緒的ネグレクトと言えるのではないか。第3は「医療ネグレクト（Medical neglect）」であり、保護者が子どもの基本的な医療ニーズの充足を怠ることである。定期的な健康診断を受けさせない、予防接種を受けさせない、医者の勧める手術を受けさせない、処方された薬を飲ませない等が挙げられる。医療ネグレクトには、たとえば保護者の宗教的信条によって子どもへの輸血を拒否するといったような、宗教的背景を持つものもある。第4は、「精神衛生的ネグレクト（Mental health neglect）」で、

深刻な情緒障害あるいは行為障害に悩む子どもに対して、適切な精神衛生的処遇を怠ることである。最後は、「教育的ネグレクト（Educational neglect）」で、子どもを学校に通わせないことであるが、子どもの教育に協力的でないあるいは保護者として行事等に参加しないこともネグレクトに含まれる。すべてのネグレクトに共通するのは、「子どもの監護・教育の権利であり義務」である「親権」を保護者が行使しないすなわち「不作為」であるということである。

警察の役割の増大

　表２は、児童相談所への虐待相談がどのような経路で寄せられたのか、簡単に言えば、児童虐待を通告したのは誰か、の経時的変化を示すものである。2006（平成18）年度には、家族、近隣知人、福祉事務所、学校がいずれも15％で多かったが、2015（平成27）年度には、家族（８％）、福祉事務所（７％）、学校（８％）は通告者全体に占める割合がほぼ半減している。近隣知人の占める割合はやや増加し、もっとも注目されるのは2006年には７％に過ぎなかった警察等の割合が、2015年には37％まで激増していることである。これは何を意味しているのであろうか。2016（平成28）年12月16日付朝日新聞は、児童虐待において警察が自らの判断で積極的に子どもを保護するケースが増加していると報じている。記事中に挙げられた事例として次のようなものがある。2016年８月の深夜、「女の子が夜道を歩きまわっている」と110番通報があり、警察官職務執行法に基づき８歳の女児を保護した。女児からは異臭がし、自宅はゴミが散乱していた。母親の説明では、女児を寝かしつけた後で買い物のため外出したということであったが、警察は児童相談所に通告した。また別の事例では、同年９月の深夜、12歳女児が交番を訪れ「父親から出て行けと怒鳴られ放り出されたが、どうしていいかわからず交番に来た」、「家が嫌だ。頭痛や腹痛、吐き気のため学校にもほとんど行けていない」と訴えた。同法に基づき警察は女児を保護し、児童相談所に通告した。

　虐待を受けたと思われる子どもを一時保護する権限は児童相談所長にあり、警察は虐待を確認しても子どもをすぐには保護できず、児童相談所に連絡して所長の委託を受ける必要がある。しかし、事態の緊急性や重大性が高い場合、警察は警察官職務執行法の規定を適用し、自主的な判断でまず子どもを保護し、24時間以内に児童相談所に通告している。

　全国の警察が保護した子どもは、統計を取り始めた2012（平成24）年が1,611

人で年々増加し、2015（平成27）年は2,624人、2016（平成28）年は上半期だけで1,551人に達し、そのうち警察官職務執行法に基づく保護が68.5％と7割近くに上っている。

　児童虐待防止法は第10条第1項で、児童相談所長は児童の安全の確認又は一時保護を行おうとする場合は、児童の住所又は居所の所在地を管轄する警察署長に援助を求めることができると定めている。また第3項には警察署長は援助の求めを受けた場合、所属の警察官に警察官職務執行法等により措置を講じさせるように努めなければならない、と定めている。しかし現実には、児童相談所長の委託を受けず警察の自主的判断による一時保護その後の通告が増えているのである。児童虐待への対応と防止における警察の積極的介入については批判的意見もある。しかし2007（平成19）年の児童虐待防止法では、保護者が再度の出頭要求に応じない場合、裁判所の許可を得て行う「臨検・捜索」では警察官の援助を得て立ち入り調査を行う等、警察の果たす役割はしだいに大きくなってきている。児童虐待のとどまることのない件数の増加および深刻さの増加がその背景にあると思われる。このような状況の中、独自の取組を始めた警察もある。大阪府警察本部は、2017（平成29）年に専門部署「児童虐待対策室」を設置した。さらにこの部署で、50項目にのぼる「児童虐待チェックリスト」を作成した。リストは、「重大性・悪質性」、「緊急性」、「保護者の様態」、「被害児童の様態」「通告歴」の五つの大項目に分類されている。保護者や児童からの聞き取りに基づき、警察官がパソコン上で入力すると、危険度が高い順にA～Dの4段階で自動的に表示される。算出された結果をもとに、児童虐待専門の警察官でなくても客観的に緊急性や重大性、また府警察本部から各署への応援体制の必要性を判断できるようになり、今後の対応に活かされる（平成29年6月1日付朝日新聞）

地方自治体と児童虐待

　表3は、平成27年度の「児童相談所での児童相談対応件数（対前年度比較、都道府県、指定都市、児童相談所設置市）」である。大半の都道府県、指定都市、児童相談所設置市において相談対応件数が増加しているなかで、減少している都道府県、市が注目される。それらは石川県（対前年度増減割合95％）、滋賀県（95％）、奈良県（99％）、和歌山県（95％）、島根県（87％）、徳島県（92％）、静岡市（99％）、浜松市（88％）、京都市（96％）、岡山市（90％）、横須賀市（95％）

第Ⅰ章　家族と暴力：ファミリー・バイオレンスとは何だろうか？

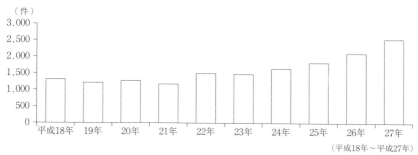

出所：警察庁生活安全局少年課『平成27年中における少年の補導及び保護の概況』。

図2　少年による家庭内暴力事案の件数の推移

である。これらの都道府県、市における件数の減少を、その児童虐待防止政策、子育て支援政策の有効性の指標と考えることも可能である。筆者は2012（平成24）年1月に、全国の都道府県に対して「児童虐待への政策的対応についての調査」を実施し質問紙を送付した。（2011～2013年度科学研究費助成事業助成金基盤研究（C）：研究課題名「地域社会を基盤とする子ども虐待防止：行政の政策と民間の活動」による）。筆者の調査は都道府県のみを対象とするものであったが、調査によって明らかになった児童虐待防止政策・子育て支援政策を、先に示した相談対応件数の減少に照らしてその有効性を問う作業を第Ⅴ章において行いたい。

②少年による親等に対する家庭内暴力

低年齢層への拡がり

図2は、過去10年間の少年相談や補導活動を通じて警察が認知した少年による家庭内暴力事案の件数の推移である。2006（平成18）年には1,294件であったが、2015（平成27）年には2,531件で10年間に倍増している。また表4は家庭内暴力を行った少年の学職別内訳で、2006年では、小学生が5.3％、中学生が43.7％、高校生が27.8％、その他の学生が2.8％、有職少年が4.7％、無職少年が15.8％で、中学生がほぼ半数を占め、続いて高校生、無職少年という順番であった。しかし2015年では、小学生10.6％、中学生44.7％、高校生29.9％、その他の学生3.2％、有職少年3.9％、無職少年7.6％となった。小学生の占める割合の増加、中学生、高校生の占める割合の高止まり、さらに無職少年の占める割合がほぼ半減してい

表3 児童相談所での児童相談対応件数（都道府県、指定都市、

都道府県・指定都市・児童相談所設置市	児童相談所相談対応件数			対前年度増減割合	都道府県・指定都市・児童相談所設置市	
	平成26年度	平成27年度（速報値）	対前年度増減件数			
1 北海道	1,855	2,420	565	130%	36	徳島県
2 青森県	834	922	88	111%	37	香川県
3 岩手県	390	589	199	151%	38	愛媛県
4 宮城県	802	949	147	118%	39	高知県
5 秋田県	285	403	118	141%	40	福岡県
6 山形県	343	353	10	103%	41	佐賀県
7 福島県	394	529	135	134%	42	長崎県
8 茨城県	1,258	1,260	2	100%	43	熊本県
9 栃木県	931	959	28	103%	44	大分県
10 群馬県	920	1,045	125	114%	45	宮崎県
11 埼玉県	5,600	6,501	901	116%	46	鹿児島県
12 千葉県	5,173	5,568	395	108%	47	沖縄県
13 東京都	7,814	9,909	2,095	127%	48	札幌市
14 神奈川県	3,290	3,773	483	115%	49	仙台市
15 新潟県	814	1,020	206	125%	50	さいたま市
16 富山県	309	358	49	116%	51	千葉市
17 石川県	420	399	▲21	95%	52	横浜市
18 福井県	346	353	7	102%	53	川崎市
19 山梨県	567	743	176	131%	54	相模原市
20 長野県	1,638	1,761	123	108%	55	新潟市
21 岐阜県	996	1,018	22	102%	56	静岡市
22 静岡県	1,184	1,313	129	111%	57	浜松市
23 愛知県	3,188	3,726	538	117%	58	名古屋市
24 三重県	1,112	1,291	179	116%	59	京都市
25 滋賀県	1,004	951	▲53	95%	60	大阪市
26 京都府	1,098	1,192	94	109%	61	堺市
27 大阪府	7,874	10,427	2,553	132%	62	神戸市
28 兵庫県	1,868	2,398	530	128%	63	岡山市
29 奈良県	1,567	1,555	▲12	99%	64	広島市
30 和歌山県	887	841	▲46	95%	65	北九州市
31 鳥取県	82	87	5	106%	66	福岡市
32 島根県	178	155	▲23	87%	67	熊本市
33 岡山県	420	486	66	116%	68	横須賀市
34 広島県	1,850	1,890	40	102%	69	金沢市
35 山口県	270	385	115	143%		全国

出所：表1に同じ。

児童相談所設置市、対前年度比較）

児童相談所相談対応件数			対前年度増減割合
平成26年度	平成27年度（速報値）	対前年度増減件数	
710	654	▲56	92%
727	760	33	105%
597	718	121	120%
235	379	144	161%
951	1,229	278	129%
190	237	47	125%
301	495	194	164%
446	486	40	109%
970	983	13	101%
540	715	175	132%
247	306	59	124%
478	687	209	144%
1,159	1,480	321	128%
565	649	84	115%
1,293	1,778	485	138%
786	1,101	315	140%
3,617	3,892	275	108%
1,639	2,244	605	137%
951	1,029	78	108%
413	418	5	101%
511	508	▲3	99%
437	384	▲53	88%
1,969	2,362	393	120%
951	913	▲38	96%
4,554	4,664	110	102%
1,310	1,490	180	114%
811	904	93	111%
351	315	▲36	90%
1,165	1,192	27	102%
454	606	152	133%
547	563	16	103%
485	604	119	125%
693	657	▲36	95%
317	329	12	104%
88,931	103,260	14,329	116%

表4　少年による家庭内暴力事案の学職別件数の推移

学職＼年	18年	19年	20年	21年	22年	23年	24年	25年	26年	27年
総数（件）	1,294	1,213	1,280	1,181	1,484	1,470	1,625	1,806	2,091	2,531
小学生	68	67	66	73	87	93	110	122	168	269
中学生	565	534	548	506	684	667	720	805	947	1,132
高校生	360	363	407	356	436	446	486	579	648	758
その他の学生	36	32	29	26	39	40	44	41	55	80
有職少年	61	53	57	64	50	38	63	83	102	99
無職少年	204	164	173	156	188	186	202	176	171	193

出所：警察庁生活安全局少年課『平成27年中における少年の補導及び保護の概況』。

ることが注目される。有職少年の割合も減少していることから、現在においては、親に対する暴力の約90％は在学中（小学校、中学校、高等学校等）の少年によって行われること、それが低年齢層にまで拡大していることがわかる。

相談・支援機関としての民間団体と警察

　図2で示された警察庁生活安全局少年課による統計では、過去10年間において、少年による家庭内暴力の認知件数は増加しているが、筆者の調査では異なる結果が出ている。筆者は2010（平成22）年4月に全国の都道府県警察本部少年課に対して「少年による家庭内暴力についての調査」と題する質問紙調査を実施した（回収率68.1％）。また2011（平成23）年1月に、少年による家庭内暴力の問題に取り組み相談・支援活動を行っている全国の民間団体から65団体を無作為抽出し、これらの団体に対して「少年による家庭内暴力についての調査」と題する質問紙調査を実施した（回収率24.6％）。これらの調査は2008〜2010年度科学研究費助成事業助成金（基盤研究（C）：研究課題名「家庭内暴力発生のダイナミクスと有効な対応」）を得て行われた。都道府県警調査に対する回答では、少年による家庭内暴力の認知件数の推移は、618件（2005年度）→579件（2006年度）→629件（2007年度）→730件（2008年度）→471件（2009年度、集計中があった）で、集計中の2009年度を除き漸増傾向を示した。民間団体への相談件数は、69件（2006年度）→174件（2007年度）→224件（2008年度）→207件（2009年度）→214件（2010年度）で、2006年から2008年の間に急増し、以後は200件台で推移していた。

表5　家庭内暴力事案の対象別件数の推移

(平成18年～平成27年)

対象＼年	18年	19年	20年	21年	22年	23年	24年	25年	26年	27年
総数（件）	1,294	1,213	1,280	1,181	1,484	1,470	1,625	1,806	2,091	2,531
母親	800	730	766	684	889	913	935	1,066	1,291	1,484
父親	129	84	115	111	134	115	152	154	172	263
兄弟姉妹	72	86	95	87	96	95	119	154	155	223
同居の親族	130	137	115	121	142	121	122	128	188	170
物（家財道具等）	140	162	189	178	223	215	291	296	281	375
その他	23	14	0	0	0	11	6	8	4	16

出所：表4に同じ。

　さらに筆者は6年の間隔をおいて2016（平成28）年6月と11月にそれぞれ全国の民間団体と都道府県警（2010、2011年調査と同一の対象）に対して「少年による家庭内暴力についての調査」と題する質問紙調査を行った。これらの調査は2014～2016年度科学研究費助成事業助成金（基盤研究（C）：研究課題名「青少年の家庭内暴力に対する民間団体の取組と家族への支援」）を得て行われた。都道府県警調査の回答（回収率61.7％）について、警察庁より少年による家庭内暴力の認知件数の増減については各年の『平成○年中における少年の補導及び保護の概況』（警察庁生活安全局少年課）に記載があるのでそちらを参考にしてほしいという連絡があり、回答が省略された。民間団体の調査においては、回収率が低く（17.2％、回収数11）しかも11通のうち家庭内暴力の相談事例は無いと答えたものが6通であった。筆者の2016年度の民間団体に対する調査結果を見る限り、少年による家庭内暴力の件数は極めて少ないということになる。しかし警察庁統計では、少年による家庭内暴力の認知件数は増加しており、両者は矛盾する。これは何を意味するのであろうか。まず第一に相談・支援を行う民間団体の減少ということが考えられる。筆者の調査でも宛先人不明で返送されてきたものが20通にのぼった。次に少年の家庭内暴力に悩む家族が民間団体ではなく警察あるいは医療機関に相談し支援を求めたということが考えられる。なぜ民間団体ではなく警察が選ばれるのか、これについては第Ⅵ章Ⅵ-2の調査結果の分析の部分で見ていきたい。

表6　家庭内暴力事案の原因・動悸別件数の推移

(平成18年～平成27年)

原因・動悸 \ 年	18年	19年	20年	21年	22年	23年	24年	25年	26年	27年
総数（件）	1,294	1,213	1,280	1,181	1,484	1,470	1,625	1,806	2,091	2,531
しつけ等親の態度に反発して	694	644	717	665	904	881	989	1,155	1,304	1,636
非行をとがめられて	67	73	46	66	46	53	81	89	92	96
物品の購入要求が受け入れられず	155	145	155	143	175	160	169	168	261	225
理由もなく	114	121	138	138	200	172	200	160	192	261
勉強をうるさくいわれて	36	34	36	38	37	29	47	47	67	104
不明	228	196	188	131	122	175	139	187	175	209

出所：表4に同じ。

少年の暴力のターゲットとしての母親

　表5は、少年の家庭内暴力のターゲットになっているのは誰（何）かの経時的変化を示している。2006（平成18）年では、母親が61.8％、父親が10.0％、兄妹姉妹が5.6％、同居の親族が10.0％、物（家財道具等）が10.8％、その他が1.8％で、母親の占める割合が圧倒的に多い。2015年（平成27年）になると、母親58.6％、父親10.4％、兄妹姉妹8.8％同居親族6.7％、物14.8％と変化している。母親の占める割合が約60％であることに変わりはなく父親の割合も変わらないが、同居親族が減少し兄妹姉妹及び物がターゲットになる割合が増加してきている。同居親族というのは、祖父母である場合が多いが、3世代同居の減少および核家族そのもののサイズの縮小が現代家族の動向であり、それが反映されているのではないか。母親が主要なターゲットになっていることをもって「母性原理社会日本」の特徴と考える人がいるかもしれないが、それは間違いである。アメリカにおいても少年の暴力の主要なターゲットは母親であることが多くの研究で述べられており（Cottrell & Monk, 2004／Snyder & MacCrley, 2008／Routt & Anderson, 2011）、ジェンダー問題との関連性が指摘されている。この問題については第Ⅵ章で詳しく見ていくことにする。

少年の家庭内暴力の原因・動機

　表6は、少年の家庭内暴力の原因・動機の内訳の経時的変化である。2006年に

は、「しつけ等親の態度に反発して」が53.6％とほぼ半数を占め、「物品の購入要求が受け入れられず」が12.0％、「理由もなく」が8.8％とこれに続いた。予想に反して「非行をとがめられて」は少なく5.2％、また「勉強をうるさく言われて」は2.8％であった。平成27（2015）年では、「しつけ等親の態度に反発して」は64.6％で全体に占める割合がいっそう大きくなり、「理由もなく」が10.3％で2番目となり、「物品の購入要求が受け入れられず」8.9％、「勉強をうるさく言われて」が4.1％となり「非行をとがめられて」3.8％と逆転した。少年の家庭内暴力は現象的な荒々しさから少年非行と結びつけられやすいが、「しつけ等親の態度に反発して」という原因・動機が半数以上を占めしかもその割合がしだいに増大していることから、「支配―被支配」という親子関係を出発点としそれを逆転させようという少年の試み、と考えることができる。このデータに基づき、少年による親等に対する家庭内暴力の定義をみていくことにする。

「少年による親等に対する家庭内暴力」の定義：力関係の逆転

　少年による親等に対する家庭内暴力（adolescent-to-parent abuse）の定義は次のようである（Holt, 2013：1）。すなわち「言語的、経済的、身体的、情緒的手段を用いて親に対して権力（power）を行使し、統制（control）を行おうとするパターン化された（子の：筆者註）行為」とされる。少年による親等に対する家庭内暴力が他の類型のファミリー・バイオレンス（児童虐待、配偶者暴力、高齢者虐待）と異なっているのは、それが従来からの力関係の侵犯を伴っているということである。たとえば児童虐待は保護者から子どもへ、配偶者暴力は男性から女性へ、高齢者虐待は介護者から高齢者へと既に力関係において優位にある者から劣位にある者へ、従来からの力関係の内部で暴力が行われる。これに対し子どもによる親等に対する暴力は、「しつけ等親の態度に反発して」という原因・動機が半分以上を占めることからもわかるように、親が優位で子が劣位という従来からの力関係を侵犯し逆転しようとする試みと言え、それゆえのダイナミクスを含んでいる。

　また少年による親等に対する家庭内暴力は、「パターン化された行為」であることにも注意する必要がある。1回限りの怒りの暴発はあまり問題ではないが、それが継続され繰り返され「パターン化」される場合は、深刻な影響を被害者にもたらす。「繰り返し」あるいは「繰り返すぞという脅し」は暴力の一部である。

被害者はこれから生じる暴力の予測そしてそれに対する恐れによってコントロールされるようになる。

　暴力の手段のうち「経済的」というのは少しわかりにくい。この中には「家財道具や建具に暴力を振う」ということも含まれる。先に掲げた表5が示した「物（家財道具等）」をターゲットとした暴力は、「経済的」に該当する。その他には、罰金が生じるようなことをしてそれを親に払わせる、親の金や持ち物を盗む、金やモノを親に対して要求する、が含まれる。「情緒的」手段による暴力も把握するのが困難なものである。言語的暴力のように相手を傷つける言葉を怒鳴ったり、身体的暴力のように暴れたりせず、笑みを浮かべて優しい声で語ったりするので表面的には目立たないが、内的・心理的に相手を深く傷つける。その中には「親の人格や名声を傷つけることを言う」、「親が情緒的に不安定になり、〈気が狂いそうになる〉ようにしむける」、「親やきょうだい、親族あるいはペットを傷つけると脅す」、「自殺するあるいは自傷すると脅す」、「愛情を表現せず、親を無視する」、「家出する」、「親にウソをつく」等が含まれている。

③配偶者暴力

配偶者暴力に何が含まれるのか

　配偶者暴力防止法は2001（平成13）年に制定され、2004（平成16）年、2014（平成26）年には一部が改正された。この法律では次のようなことが定められている。

1）「配偶者からの暴力」に中に、身体に対する暴力の他、これに準ずる心身に有害な影響を与える言動を含め、また離婚あるいは婚姻が取り消された後、元の配偶者からの暴力が継続している時にはこれも含める。
2）「配偶者」は法律婚関係にある者と事実婚関係にある者とを含み、「離婚」の中には事実婚の解消も含める。また2014（平成26）年の法改正以降、生活の本拠を共にする交際相手からの暴力についても配偶者暴力に含める。
3）都道府県、市町村は婦人相談所その他の適切な施設が配偶者暴力相談支援センターとしての機能を果たすようにすることができる。
4）配偶者あるいは元配偶者からの更なる身体的暴力により、生命または身体に重大な危害を受ける恐れが大きい時、被害者の申し立てにより裁判所は配偶者あるいは元配偶者に対して接近禁止命令、退去命令を出すことがで

表7　配偶者暴力相談支援センターへの相談件数

	総数	女	男	総数	加害者との関係					
					配偶者			離婚済	生活の本拠を共にする（した）	
					届け出あり	届け出なし	届け出有無不明		交際相手	元交際相手
総数	111,630	109,629	2,001	111,630	89,933	3,840	1,430	12,735	2,661	1,031
来所	34,530	34,228	302	34,530	26,811	1,413	177	5,169	679	281
電話	72,246	70,698	1,548	72,246	59,623	2,251	1,162	6,629	1,854	727
その他	4,854	4,703	151	4,854	3,499	176	91	937	128	23

出所：内閣府男女共同参画局（平成28年9月）。

きる（期間は接近禁止命令が6か月、退去命令が2か月である）。

5）被害者が未成年の子と同居している場合、元配偶者に対して未成年の子への接近禁止命令を発することができる。

6）被害者からの申し出があった場合、警察本部長又は警察署長は必要な援助を行う。

Ⅰ-2において、全米家庭医協会によるファミリー・バイオレンスの定義を紹介したが、それは「家族メンバー、親密なパートナー、養護者による子ども、成人、高齢者に対する意図的な虐待あるいは脅迫であり、犠牲者に対して権力を得てかれらをコントロールするために行われる。虐待には多様な形態があり、身体的・性的暴行、情緒的・心理的虐待、経済的虐待、個人の人権侵害等が含まれる」というものであった。この定義においては、加害者が「家族メンバー、親密なパートナー、養護者」と広くとられていて、常識的ないわゆる「家族」を越えている。日本の配偶者暴力防止法においても当初、法律婚・事実婚の配偶者・元配偶者が加害者として考えられていたが、2014（平成26）年の法改正以降、生活の本拠をともにする交際相手も含まれるようになった。配偶者暴力防止法においては、婚姻関係の有無を問わず「生活の共同」が「配偶者関係」の条件である。しかしアメリカの定義ではファミリー・バイオレンスの発生のために生活の共同は必要でなく、それゆえともに生活していない恋人、ボーイ・フレンド／ガール・フレンドも含まれ、いわゆる「デート・DV」も考察の対象になる。そのためファミリー・バイオレンスよりも「親密なパートナー間の暴力（Intimate Partner Violence IPV）」という語が多く用いられるようである。

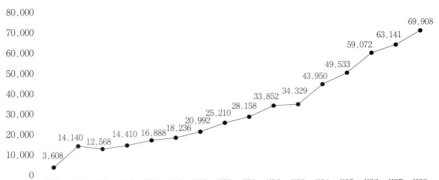

図3　警察で受理した配偶者暴力に関する相談件数

出所：警察庁生活安全局・刑事局『平成28年におけるストーカー事案及び配偶者から暴力事案等への対応状況について』。

配偶者暴力の相談件数と実態

　配偶者暴力に関する相談は、都道府県・市町村の配偶者暴力相談支援センター、および警察が行っている。表7は、2015（平成27）年度の配偶者暴力相談・支援センターへの相談件数である。総数は11万1,630件で、加害者と被害者との関係を見ると法律婚関係が圧倒的多数で全体の80.6％を占めている。事実婚関係と生活の本拠を共にする交際相手を合わせると6,501件で全体の5.8％に過ぎない。また元配偶者と元交際相手を合わせると1万3,766件で12.3％である。また、寄せられた相談のうち日本語が十分話せない在日外国人からのものが1,810件（1.6％）、障がいのある人からのものが6,333件（5.7％）であった。現在は件数が多いとは言えないが、相談・支援センターへの多言語スタッフの配置、あるいは手話等ができるスタッフの配置による「相談のバリアフリー化」で件数の増加が予想される。

　図3は、警察で受理した配偶者暴力に関する相談件数の推移である。2001（平成13）年は、配偶者暴力防止法の施行日（10月13日）以降の件数なので少なくなっているが、その後増加を続け2016（平成28）年は、6万9,908件、前年比10.7％増で法の施行以後最多となっている。図4は、配偶者からの暴力事案の検挙状況の推移である。2016（平成28）年においては、刑法・特別法違反による検挙は8,291件（前年比4.8％増）で統計を取り始めた2003（平成15）年以降最も多

第Ⅰ章　家族と暴力：ファミリー・バイオレンスとは何だろうか？　25

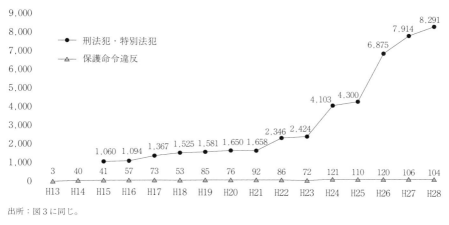

出所：図3に同じ。

図4　配偶者からの暴力事案等の検挙状況

くなった。また配偶者暴力防止法に基づく接近禁止命令・退去命令等の保護命令違反による検挙は104件で前年比1.9％減となった。2016年における刑法・特別法違反による検挙の内容を見ると、傷害2,991件（36.1％）、暴行4,409件（53.2％）で、両方を合わせると全体のほぼ90％に達する。また被害者の性別は女性が5万9,412人（85.0％）、男性1万496人（15.0％）で圧倒的に女性が多くなっている。

④高齢者虐待

高齢者虐待防止法

　2005（平成17）年11月に「高齢者虐待の防止、高齢者の養護者に対する支援等に関する法律」（高齢者虐待防止法）が制定され、2006（平成18）年4月から施行された。この法律においては、高齢者虐待を「身体的虐待」、「介護等の放棄」、「心理的虐待」、「性的虐待」、「経済的虐待」の5つに分けた。また市町村を高齢者虐待対策の中心的な担い手として位置付け、虐待の通報を受けて家庭への立ち入り調査の権限を持ち、介護者を支援する義務があるとした。

高齢者虐待の実態

　厚生労働省が全国1,741市町村、及び47都道府県を対象として2013（平成25）

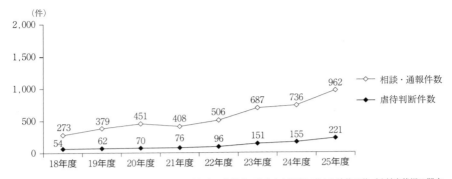

出所:厚生労働省『平成25年度高齢者虐待防止・高齢者の養護者に対する支援等に関する法律に基づく対応状況に関する調査結果』。

図5　養介護施設従事者等による高齢者虐待の相談・通報件数と虐待件数の推移

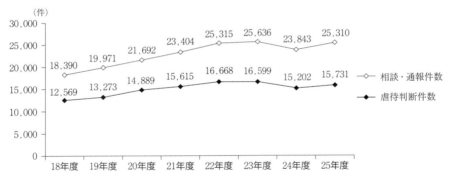

出所:図5に同じ。

図6　養護者による高齢者虐待の相談・通報件数と虐待判断件数の推移

年度における高齢者虐待の対応状況を把握するために行った調査結果の一部は次のようなものであった。

　図5は、養介護施設従事者による高齢者虐待の相談・通報件数と虐待判断件数の推移である。虐待判断件数は相談・通報件数の23.0%で多いとは言えないが、相談・通報件数、虐待判断件数ともに年々増加してきている。虐待の発生要因は、「教育・知識・介護技術等に関する問題」が最も多く128件（66.3%）、次いで「職員のストレスや感情コントロールの問題」が51件（26.4%）、「虐待を助長する組織風土や職員間の関係性の悪さ」が25件（13.0%）であった。

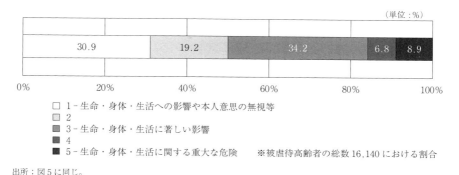

図7　養護者による高齢者虐待の程度（深刻度）の割合

　図6は、養護者による高齢者虐待の相談・通報件数と虐待判断件数の推移である。

　2013（平成25）年度では、虐待判断件数は相談・通報件数の62.2%で、養介護施設従事者による虐待と比べると、相談・通報件数と虐待判断件数との間の開きが少なく、深刻なものが多いと思われる。図7は、養護者による高齢者虐待の深刻度の割合で、深刻度が5段階評価で表されそれぞれの割合が示されている。最も多いのが5段階評価の3「生命・身体・生活に著しい影響」を与えるもので34.2%を占め、次いで最も深刻度が低い1「生命・身体・生活への影響や本人の意思の無視等」が30.9%であった。全体のほぼ半分は「3生命・身体・生活に著しい影響〜5生命・身体・生活に関する重大な危機」と見なされる深刻度の高い虐待であり、高齢者虐待の深刻な実態を窺わせる。虐待の種別では、身体的虐待が65.3%で最も多く、次いで心理的虐待の41.9%、介護等放棄の22.3%、経済的虐待の21.6%となっている。

　1996年アメリカにおいて高齢者虐待全国センター（National Center on Elder Abuse）が初めての「全国高齢者虐待事件研究（National Elder Abuse Incidence Study: NEAIS）」を行った。その研究を参考に高齢者虐待の諸相を見ていきたい（National Center on Elder Abuse, 1998）。「身体的虐待」とは、身体的な力を用いて高齢者の身体を傷つけ、痛みを与え、損傷させることである。その中には、安全性が保証されない薬の投薬、身体拘束、無理やり食べさせること、体罰等も含められている。「性的虐待」とは、高齢者の同意を得ずに何らかの性的

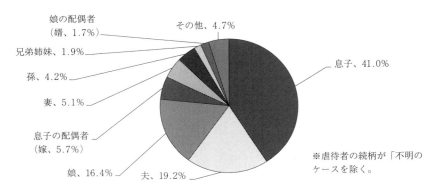

図8　被虐待高齢者からみた虐待者の続柄

接触を持つことである。「情緒的・心理的虐待」は、高齢者に対して何らかの心理的・情緒的苦痛を与えることを意味する。「ネグレクト」は、生きていくための必需品すなわち食料、水、衣類、保護、衛生、医療、安全、快適さを高齢者に供給することが義務であり、またそのことについて同意があるにも関わらずそれを怠り、あるいは拒否することである。「金銭的・物質的搾取（Financial material exploitation）」は、高齢者の資金、財産の不正・不適切な使用である。ここまでは日本の高齢者虐待防止法にも規定があるが、NEAISでは、さらに二つの類型が加わっている。その一つは「遺棄（Abandonment）」である。これは介護責任があると見なされる人物、あるいは後見人から高齢者が遺棄されることである。もう一つは「セルフ・ネグレクト（Self-neglect）」で、他の類型とは異なるものである。これは高齢者が自らの健康や安全を脅かすような行為をする時それを指して言うものである。

　このような高齢者虐待の発生要因としては、「虐待者の介護疲れ・介護ストレス」が25.5％で最も多く、「虐待者の障害・疾病」が22.2％、「家庭における経済的困窮（経済問題）」が16.8％となっている。図8は被虐待高齢者から見た虐待者の続柄である。「息子」が41.0％で最も多く、次いで夫が19.2％、娘が16.4％で、息子の配偶者は5.7％とかなり少なく、一般的イメージと実態とは異なっているのがわかる。

Ⅰ-4　外国におけるファミリー・バイオレンス：児童虐待を中心に

①アメリカ

　アメリカでは各州の「児童保護サービス（Child Protective Services, CPS）」が児童虐待の通告を受け対応を行う。CPS が把握したデータは、アメリカ保健福祉省（U. S. Department of Health and Human Services）が集約し、全国的なデータ・ベース（National Child Abuse and Neglect Data System, NCANDS）が存在する。以下の数字は、NCANDS に基づいた報告書である *Child Maltreatment* 2012（U. S. Department of Health and Human Services）によるものである。2012年において、CPS へ通告があり何らかの形で対応がなされた子どもの数は、316万5,572人であり、アメリカの子ども1,000人につき42.7人の割合となる。この数字は2008年のものと比較すると、2008年では対応を受けた子どもは303万4,305人であったので4.3％の増加であった。ちなみに2008年における子ども1,000人あたりの対応率は40.8であった（前掲書：18）。被虐待児が300万人台という膨大な数字に驚かされる。しかし CPS による何らかの対応の中には「代替的対応（Alternative Response）」も含まれており、このケースでは子ども虐待のリスクは低いと判断され、家族が同意すれば家族のニーズに見合った CPS のサービスを受けることができ、虐待に関する調査を受けることは無い。膨大な数字の中には、この代替的対応のケースが含まれていることを考慮にいれる必要があるだろう。
　それでは調査の結果虐待が立証されたケースはどれぐらいあるのだろうか。先に紹介した NCANDS による「被虐待児」の定義は「少なくとも1件の虐待を受けたことが（州による調査によって：著者註）立証された児童」と定義している。この定義に基づく被虐待児の数は、全米で68万6,000人であり、全米の子ども1,000人につき9.2人（被虐待率［national victimization rate］）となっている。これは2008年と比べると、被虐待児の数は2008年で71万6,000人であり、4.2％の減となっている（前掲書：19）。筆者の前著（井上、2005：64）においては2002年度の全米の被虐待児の数を89万6,000人と紹介しており、日本に比べ被虐待児の数はけたはずれに多い（日本とアメリカの全人口および児童人口の差も考慮

表8　アメリカにおける児童虐待の類型ごとの

年齢	実数				
	医療ネグレクト	ネグレクト	身体的虐待	心理的虐待	性的虐待
<1-2	5,212	157,713	30,689	12,371	1,660
3-5	2,456	111,770	21,327	11,518	8,802
6-8	2,157	88,314	20,883	10,331	10,827
9-11	1,925	68,383	17,619	9,280	11,600
12-14	2,097	58,491	18,308	8,229	16,560
15-17	1,806	44,800	14,887	5,936	13,133
出生前、不明、および18-21	52	1,770	831	215	354
総数 パーセント	15,705	531,241	124,544	57,880	62,936

出所：U. S. Department of Health and Human Serrices, *Child Maltreatment* 2012..
著者註：一人の被虐待児が複数の類型に数えられていることがあるので総計は実人数より多い。

入れるべきであるが）が、アメリカ一国の経時的変化としては減少傾向にあることがわかる。

圧倒的に多いネグレクト

　アメリカにおける児童虐待の類型別内訳（2012年度）を見るとここでも日本との違いが明白である。最も多いのは、「ネグレクト」で78.3％と全体の8割に近いことに驚かされる。2番目ははるかに少なくなるが「身体的虐待」の18.3％、続いて「性的虐待」が9.3％、「心理的虐待」が8.5％、「その他」が10.6％となっている。「その他」の中には「虐待の脅し」、「養育者のアルコールあるいは薬物濫用」、「新生児の遺棄」等が含まれている（前掲書：20）。これらの虐待類型と被害児童の年齢との関係を示したのが、表8である。各年齢グループごとに、向かって左欄が実数、右欄がその虐待類型の被害児童全体の中に占める割合を示している。性的虐待を除く他のすべての虐待類型において、新生児から2歳までの年齢グループの占める割合が最も大きく、とりわけ「医療ネグレクト」では、新生児から2歳までのグループが全体の3分の1を占め、2番目の3歳から5歳グループの2倍以上となっている。

ヴァルネラビリティ（Vulnerability）

　新生児から2歳までの年齢グループの生物学的脆弱性は虐待に対する誘発しや

年齢別内訳（2012年）

パーセント				
医療ネグレクト	ネグレクト	身体的虐待	心理的虐待	性的虐待
33.2	29.7	24.6	21.4	2.6
15.6	21.0	17.1	19.9	14.0
13.7	16.6	16.8	17.8	17.2
12.3	12.9	14.1	16.0	18.4
13.4	11.0	14.7	14.2	26.3
11.5	8.4	12.0	10.3	20.9
0.3	0.3	0.7	0.4	0.6
100.0	100.0	100.0	100.0	100.0

すさ（ヴァルネラビリティ　Vulnerability）となっている。「ヴァルネラビリティ」という概念は、児童虐待を「親子間相互作用」の観点から分析する理論グループが提唱したもので、虐待の発生における子どもの「積極的役割」あるいは子どもの一定の特性が持つ「攻撃誘発性（Vulnerability）」を指摘する（Kadushin & Martin, 1981）。彼らは子どもにおける攻撃誘発性として、親が期待する資質・能力・容姿を子どもが持っていないこと、あるいは病弱等何らかのハンディキャップがあること等を挙げているが、新生児から2歳までの子どもの生物学的脆弱性もその中に含めることができるであろう。しかしこの「ヴァルネラビリティ」論の最大の欠陥は、ヴァルネラビリティと言われる子どもの状態が虐待を引き起こすのではなく、それを親がどのように認識するかによって虐待は引き起こされるという点が、見過ごされていることである。新生児から2歳までの子どもは確かに、大声で泣きわめくことが多く病気にもかかりやすい。しかしだからと言ってすべての親が虐待を行うわけではなく、大半の親は「手がかかってしようがない」とこぼしつつ、だからこそ注意深く子どもを養護している。問われるのは親の側の認識である。これについては、第Ⅶ章のⅦ-2の理論的考察の部分でさらに考えていきたい。

　性的虐待の被害児童の中で最も大きな割合を占めるのが12歳から14歳グループの26.3％、2番目が15歳から17歳のグループで20.9％である。しかし新生児から9歳未満のすべての年齢グループを合計すると33.8％と全体の3分1を占め、痛

表9　アメリカにおける児童虐待の
　　　被害者と加害者との関係

加害者	実数	パーセント
親		
父親	127,654	18.7
父親とその他の人	6,399	0.9
母親	250,553	36.6
母親とその他の人	40,495	5.9
母親と父親	132,557	19.4
合計（親）	557,658	81.5
非親		
保育園の職員	2,541	0.4
親族里親（女性）	287	0.0
親族里親（男性）	61	0.0
里親（非親族）	892	0.1
里親（関係不明）	304	0.0
友人及び近隣	2,161	0.3
施設職員	759	0.1
法的後見人（女性）	783	0.1
法的後見人（男性）	206	0.0
非親の複数の加害者	6,746	1.0
他の職業	936	0.1
親のパートナー（女性）	1,953	0.3
親のパートナー（男性）	15,880	2.3
親族（女性）	10,436	1.5
親族（男性）	20,245	3.0
その他	17,626	2.6
合計（非親）	81,816	12.0
不明		
不明	44,774	6.5
不明（合計）	44,774	6.5
合計	684,248	
パーセント		100.0

出所：表8に同じ。

ましい事態が推測される。

虐待を行ったのは誰か

表9は、虐待の被害者と加害者の関係を分類したものである。最も多いのが「母親（単独：筆者註）」で36.6％、2番目が「父母」で19.4％、3番目が「父親（単独：筆者註）」が18.7％で「父親と他者（同居人か：筆者註）」、「母親と他者」を含めると、81.5％の被害児童が、両親あるいは一方の親によって虐待されている。12.0％が親以外の人によって虐待されており、最も多いのが「男性親族」の3.0％、次に「その他」の2.6％となっている。しかしここで日本の児童虐待防止法における「虐待」概念の定義との違いに注意する必要があるだろう。児童虐待防止法第2条で、「児童虐待」とは、「保護者（親権を行う者、未成年後見人その他の者で、児童を現に監護する者をいう。）がその監護する児童（18歳に満たない者）について行う行為」、と定義している。アメリカの統計において「親以外（nonparent）」の中に「法的後見人（legal guardian）」が含まれるのは日本の定義と同じであるが、「保育サービス提供者」や「隣人・友人」、「児童施設職員」等も含まれており、これ

表10　イギリスの児童保護登録制度に登録された児童数

国	2011	2012	2013	2014	2015
イングランド	42,700	42,850	43,140	48,300	49,690
スコットランド	2,571	2,698	2,645	2,877	2,751
ウェールズ	2,880	2,890	2,955	3,135	2,935
北アイルランド	2,401	2,127	1,961	1,914	1,969
連合王国全体	50,552	50,565	50,737	56,231	57,345

出所：National Society for the Prevention of Cruelty to Children Information Service 2016.

らは上記の理由で日本の虐待防止法では「虐待」と認められていない。彼らの行為が「暴行」や「傷害」、「強制わいせつ」等刑法上の犯罪行為として問題とされるのは当然であるが。

②イギリス

児童保護登録制度（Child Protection Register）

　表10は、2011年から2015年までの間に、イギリスにおける「児童保護登録制度」（Child Protection Register）のもとで登録された児童の数である（National Society for the Prevention of Cruelty to Children, 略してNSPCC, 2016）。「児童保護登録制度」は、虐待により重大な危害を受けている、あるいは受ける恐れがある子どもを登録し、継続的にその家族をモニタリングすることによって虐待の発生を未然に防止しようという目的の下、1974年に発足した。地方行政当局の社会サービス局によって管理運営され、子ども自身および家族に関する情報が登録される。登録された際のリスク要因が無くなったと判断されれば登録は抹消される。

　イギリスは正式にはグレートブリテンおよび北アイルランド連合王国（United Kingdom of Great Britain and Northern Ireland, 略してU. K.）と言い、表10においても、イングランド、スコットランド、ウェールズ、北アイルランドの4国の保護登録児童数とそれらを合計した連合王国全体の保護登録児童数が示されている。2011年から2015年にかけて保護登録児童数は、連合王国全体とイングランドで一貫した増加傾向にある。その他の3国では増減があるが、イングランドの全人口は連合王国の全人口の約83％であるので、イングランドにおける傾向を連

表11　イングランドにおける保護登録児童数の虐待の類型別内訳

虐待の類型	2012	2013	2014	2015	2016
ネグレクト	18,220	17,930	20,970	22,230	23,150
身体的虐待	4,690	4,670	4,760	4,350	4,200
性的虐待	2,220	2,030	2,210	2,340	2,370
心理・情緒的虐待	12,330	13,640	15,860	16,660	17,770
複合的虐待	5,390	4,870	4,500	4,110	2,810
合計	42,850	43,140	48,300	49,690	50,310

出所：Departmennt of Education, England 2016.

表12　イングランドにおける保護登録児童の年齢・性別割合

年齢	男子	女子	合計
胎児	—	—	1,080
1歳未満	2,620	2,420	5,040
1-4歳	7,170	6,530	13,700
5-9歳	7,820	6,980	14,800
10-15歳	6,780	7,030	13,810
16歳以上	780	1,090	1,870
合計	25,170	24,050	50,310

出所：表11に同じ。

合王国における傾向と重なるものと考えることができる。そこでイングランドのデータを用いて、表11によって虐待の類型別の保護登録児童数を見ていくことにする（Department of Education, 2016）。

被害の実状

　イングランドにおける虐待の類型別の保護登録児童数は、「ネグレクト」が最も多く46.0％で全体のほぼ半分を占めている。2番目は情緒的虐待（Emotional Abuse）で35.3％である。この2類型以外の虐待による保護登録児童数は両者に比べて少なく、「身体的虐待」が8.3％、「性的虐待」が4.7％、「複合」が5.6％となっている。

　日本とアメリカ、イギリスの3国を取り上げ虐待類型別の被害児童数を見てきたが、アメリカ、イギリスに共通するのは「ネグレクト」の被害児童数の全体に

表13　日本における虐待を受けた子どもの年齢構成別

	0歳〜3歳未満	3歳〜学齢前	小学生	中学生	高校生等	総数
被虐待児	17,479 (19.7%)	21,186 (23.8%)	30,721 (34.5%)	12,510 (14.1%)	7,035 (7.9%)	88,931 (100.0%)

出所：厚生労働省「平成26年度児童相談所における児童虐待相談対応件数の内訳」2015年。

占める割合が極めて大きいことである。日本においても、25.2%（平成26年度）と決して少ないわけではないが、両国に比べるとかなり少ない。「心理的・情緒的虐待」の占める割合は日本、イギリスにおいて大きいがアメリカでは4類型の中では最も被害児童数が少なくなっている。

　日本において特徴的なのは、「身体的虐待」の被害児童数の全体に占める割合の大きさである。表1において見たように、「身体的虐待」の占める割合は長期的には大きく減少してきているが、それでもアメリカ、イギリス両国における「身体的虐待」の割合と比べるとかなり大きい。これについては、育児文化における「体罰」等規範・文化論的観点等から後に第Ⅱ章のⅡ-2で考察することにする。

　保護登録児童の年齢・性別割合を示したのが表12（Department of Education, 2016）である。年齢区分が日本、アメリカ、イギリスの各々で異なっているので比較が困難である。そこでイギリスの「1歳未満」および「1-4歳」を合計したものすなわち「乳幼児」の保護登録児童数の全体に占める割合を、アメリカの「2歳未満」および日本の「0歳〜3歳未満」の被害児童数の割合と比較した（日本については表13参照）。イギリスにおける乳幼児の保護登録児童数は全体の37.2%でアメリカと同様にその割合が高い。これに対して日本では被虐待児のうち「0歳〜3歳未満」は19.7%で「3歳〜学齢前」、「小学生」よりもその割合が低い。後に日本の地方自治体の政策的対応を取り上げる第Ⅴ章で述べるが、市町村の「乳児家庭全戸訪問事業」が効果を上げている、と考えられる。

　イギリスの保護登録児童の性別について見ると、「1歳未満」、「1〜4歳」、「5〜9歳」、の年齢グループでは女子よりも男子が多いが、「10〜15歳」、「16歳以上」の年齢グループでは、男子よりも女子の方は多く「性的虐待」の被害の増加が推測される。

第Ⅱ章　ファミリー・バイオレンス発生のメカニズム

　ファミリー・バイオレンスの発生を説明する理論は、「リスク要因論」、「家族システム論」を経て現在は「入れ子型エコロジカル理論（Nested Ecological Theory）」が有力である。ここでは3つの理論グループについて、それぞれ長所・短所を明らかにし、また具体的事例に適用していくことにしたい。

Ⅱ-1　リスク要因論

　この説明理論は、ファミリー・バイオレンスの防止・対応のための行政・民間諸組織やマスメディア、またファミリー・バイオレンス研究においてもよく採用されている（Alvarez & Bachman, 2008等）。
　WHOは、子ども自身に関わるもの、加害者である親あるいは養護者に関わるもの、社会・コミュニティに関わるもの等にわけて子ども虐待に関するリスク要因を列挙している（World Health Organization Media Centre, 2016）。

子ども自身に関わるもの
　WHOの文書では、子ども達はあくまでも被害者であり、虐待の発生に関して決して責められることがあってはならないと断った上で、個々の子ども達のいくつかの特性が虐待が発生する「蓋然性」を高めると慎重な表現を採用している。そしてつぎのような事項を列挙している。
・4歳未満（の乳幼児：筆者註）であること、また思春期（adolescent）であること。
・「望まない子」であること、あるいは両親の期待に沿わない子であること。
・特別な（養育：筆者註）ニーズがあること、身体的に問題があること（having abnormal physical features）、絶え間なく泣くこと。

親あるいは養護者に関わるもの
・新生児と（心理的：筆者註）絆を結ぶことができない。
・子どもの養育を行わない。
・自らの子ども時代に虐待された経験がある。
・子どもの発達についての知識が欠如している、あるいは非現実的な期待を子どもに対して抱く。
・アルコールや薬物の乱用、妊娠期間中のそれも含む。
・犯罪に関わっている。
・経済的困難を抱えている。

関係に関わるもの
　家族内あるいは親密なパートナー、友達、仲間との関係におけるいくつかの特性は、子ども虐待発生のリスクを高めるとして、次のような事柄が列挙されている。
・家族メンバーの誰かが抱える身体的、発達的、精神的問題。
・家族解体あるいは家族メンバー間の暴力。
・地域社会における孤立あるいはサポートネットワークの欠如。
・子育てにおいて親族からのサポートが得られないこと。

地域社会および社会的要因
・ジェンダー間の不平等および社会的不平等。
・適切な住居あるいは家族を支援するサービスや制度の欠如。
・高い失業率あるいは貧困。
・アルコールや薬物の入手しやすさ。
・児童虐待、児童ポルノ、児童買春、児童労働防止のための政策やプログラムが不適切である。
・社会的・文化的規範における問題性：他者への暴力を促進し称揚する規範、体罰の使用を支持する規範、厳格なジェンダー役割を要求する規範、親子関係において子どもの地位を低下させる規範。
・貧しい生活水準、社会経済的不平等、社会経済的不安定性に至らしめるような社会、経済、衛生、教育政策。

WHOが列挙したこれらのリスク要因は、それぞれの社会の社会的・文化的文脈を考慮する必要がある。たとえば地域社会及び社会的要因の中には、児童労働防止のための政策やプログラムの不適切さが挙げられているが、これは現代の日本社会の文脈にはあまりあてはまらないだろう（しかし戦前の日本の「児童虐待防止法」の主要な規制対象は児童労働であった）。逆に日本の厚生労働省が発行している『子ども虐待対応の手引き』（厚生労働省雇用均等・児童家庭局、2013）においては、「保護者側のリスク要因」として、「若年の妊娠」があげられているが、早婚・早期出産が一般化している社会ではそれはリスク要因であるかどうか疑問である。もちろん早婚・早期出産が少女の心身に与える悪影響は重大な問題であるが、それはむしろまだ子どもであるのに親にされた少女自身に対する虐待と考えるべきだろう。参考までに前掲の厚生労働省発行の『子ども虐待対応の手引き』に掲載の「虐待に至るおそれのある要因・虐待のリスクとして留意すべき点」一覧表を示しておく（表14）が、WHOのあげるリスク要因のほうが、よりマクロな次元（地域社会および社会的要因）に注目していることがわかる。これは後に紹介する「入れ子型エコロジカル理論」につながる重要な論点であることにあらかじめ注意を喚起したい。

親あるいは養護者に関わる特異なリスク要因

　親あるいは養育者に関わるリスク要因のなかには、特に現在社会問題化している事象が含まれている。これらについて少し見ていきたい。

①アルコール、薬物等の依存

　先に紹介したアメリカの保健福祉省の報告書 *Child Maltreatment* 2012によると、31州のCPSからアルコール依存の養護者による虐待を受けた児童が2万6,111人と報告されており、これは報告のあった州のすべての被虐待児の8.8％に該当する。また34州から薬物依存の養護者による虐待を受けた児童は6万4,484人と報告されており、これは報告のあった州のすべての被虐待児の実に20％に達している（Department of Health and Human Services 前掲書：44、45）。D.ノークは、親あるいは養護者におけるアルコール、薬物乱用は次のような事態をもたらすと指摘している（Knoke, 2009：1）。
・抑うつや不安、イライラといった否定的感情を引き起こし、また促進する。

表14　虐待に至るおそれのある要因・虐待のリスクとして留意すべき点

1．保護者側のリスク要因
・妊娠そのものを受容することが困難（望まない妊娠）
・若年の妊娠
・子どもへの愛着形成が十分に行われていない。（妊娠中に早産等何らかの問題が発生したことで胎児への受容に影響がある。子どもの長期入院など。）
・マタニティーブルーズや産後うつ病等精神的に不安定な状況
・性格が攻撃的・衝動的、あるいはパーソナリティの障害
・精神障害、知的障害、慢性疾患、アルコール依存、薬物依存等
・保護者の被虐待経験
・育児に対する不安（保護者が未熟等）、育児の知識や技術不足
・体罰容認などの暴力への親和性
・特異な育児観、脅迫的な育児、子どもの発達を無視した過度な要求　　　　等

2．子ども側のリスク要因
・乳児期の子ども
・未熟児
・障害児
・多胎児
・保護者にとって何らかの育てにくさを持っている子ども　　　　等

3．養育環境のリスク要因
・経済的に不安定な家族
・親族や地域社会から孤立した家庭
・未婚を含むひとり親家庭
・内縁者や同居人がいる家庭
・子連れの再婚家庭
・転居を繰り返す家庭
・保護者の不安定な就労や転職の繰り返し
・夫婦間不和、配偶者からの暴力（DV）等不安定な状況にある家庭　　　　等

4．その他虐待のリスクが高いと想定される場合
・妊娠の届出が遅い、母子健康手帳未交付、妊娠健康検査未受診、乳幼児健康診査未受診
・飛び込み出産、医師や助産婦の立ち会いがない自宅等での分娩
・きょうだいへの虐待歴
・関係機関からの支援の拒否　　　　等

出所：厚生労働省雇用均等・児童家庭局、『こども虐待対応の手引き』（平成25年8月改正版）。

・親または養護者が自らの感情的反応をコントロールすることを妨げる。
・親または養護者の精神の機能、問題解決能力、判断力を損なう。
・子どもにとって有害なライフ・スタイルを伴う。
・子育ての課題に効果的に取り組むために用いるべき親あるいは養護者の能力を消耗させ、家族のストレスを高める。

　アメリカと異なり日本においては、アルコール、薬物依存の親等から虐待を受けた子どもの人数は明らかにされていない。先に紹介した『子ども虐待対応の手引き』における記述も少ない。しかし、「（依存が：筆者註）神経毒性に至っている可能性がある場合は、どのような物質依存でも分離を優先して検討しなければならない」、「保健機関、医療機関、警察、福祉事務所などと相談しながら、連携協働した対応をする必要がある」と強い危機意識を示している。またアルコール依存、薬物依存以外にもギャンブル依存、買い物依存、ネット依存、性的な依存等に対しても「虐待に至る可能性は高い」としている（厚生労働省雇用均等・児童家庭局：257）。これらのうちでもギャンブル依存、ネット依存は市民の間に広く浸透しており、子ども虐待との関連についてさらに詳細に検討する必要があるであろう。

　②広汎性発達障害
　従来から、広汎性発達障害の子どもたちは虐待の被害者となるリスクが高いことが、研究者、医療関係者らから指摘されてきた（高岡、2005／杉山、2007）。しかし親、養護者における広汎性発達障害が、虐待発生のリスク要因となることが注目され始めている。
　「広汎性発達障害」とは、「精神発達の歩みの『遅れ』」の一種であるが、「発達の遅れとは精神発達に必ずはらまれている現象で、なんら病理性（障害性）を持たずとも自然の個体差（正常偏奇）として一般平均よりも大きく遅れるものが必ずある頻度で生じてくる」（滝川、2008：49）として、一元的に「病理」として把握することに疑問が呈されている。精神発達は「認識（知的理解）の発達」と「関係（社会性）の発達」という２つの発達軸を持つ（滝川、2008：52-53）。この図式によって広汎性発達障害は、関係（社会性）の発達の全般的な遅れと捉えられている。そのようなものとしての広汎性発達障害（自閉症スペクトラム）に

含まれるものとしては、認識の発達のレベルによって「自閉症」、「高機能自閉症」、「アスペルガー症候群」がある。この3者に共通する特徴として次の3つが挙げられる（高岡、2005：19）

1）対人的相互関係における障害（視線が合わない、友人関係を発展させにくい、興味を分かちあえない）。
2）コミュニケーション障害（言葉や身振り、手振りによるコミュニケーションが不得手である）。
3）活動レパートリーの制限（想像力の範囲が狭く深いため、1つのことへのこだわりや変化への抵抗が生じる）。

　関係（社会性）の発達の遅れを抱えて親となった場合、それが虐待のリスク要因となる場合がある。以下に実例を示して考えていきたい（プライバシー保護のため、居住地等が判明しないようにしている。O府社会福祉審議会児童虐待事例等点検・検証専門部会、2015）。
　O府X市で発生した生後0ヶ月の男児が父から身体的虐待を受け重症に陥った事件で、父親は傷害容疑で逮捕、傷害罪で起訴され地方裁判所において懲役4年の実刑判決が下された。この父親は、「広汎性発達障害」と診断されていた。（報告書においては「障がい」と表記されている）。事件発生の前年末に両親はX市に転入、同市の保健センターが母親の転住前の住所地の保健センターから継続的支援依頼文書を受理した。出産3日前の1月16日に市保健センターが第1回目の家庭訪問を行い、日常生活・妊婦・家族関係・出産準備等の状況確認を行った。1月19日に男児が出生し、出生時の異常はなかった。産後4日目の1月23日には母親と男児が出産医療機関を退院したが、これは経済的問題で出来るだけ早く退院させてほしいという父親の要望によるものであった。産後2週目およびその4日後に母親と男児が出産医療機関を受診したが、体重増加が少なかったため出産医療機関から市保健センターに電話連絡があった。産後24日目の2月12日に市保健センターが2回目（出産後初めて）の家庭訪問を行い、男児の顔に傷があり、上唇の上部に貼った絆創膏の隙間から赤味がかって皮が剥けた様子が見え、また下顎に紫がかった色調の変化等が認められた。母親の説明では、父親は男児が泣くといらいらし頭をたたくのを目撃、また上唇の傷については、やはり父親がミルクを飲ませるのが下手で哺乳瓶を押し付けたためではないかと思うが、直接に

は見ていないということであった。市保健センターは引き続き子育て支援を行うが虐待通告についてはさらに検討することにした。家庭訪問の3日後の2月15日、父母が心肺停止状態の男児を連れて救急医療機関を受診した。心拍再開後に転院した医療機関で「低酸素脳症」、「慢性硬膜下血腫」の診断を受け、脳の回復は厳しいとのことであった。この医療機関から児童相談所へ児童虐待の通告がなされた。

報告書においても2月12日に市保健センターが2回目の家庭訪問を行った時、男児の顔に傷があることを認識した時点で児童虐待通告が行われるべきであったと批判している。若年出産であり、生後1か月にも満たない新生児の顔を父親が叩いて男児が受傷した可能性がある等により緊急度の高いケースと認識するべきであった。

父親について考えるべきことは、彼が男児に対して行った身体的虐待と「広汎性発達障害」との関連である。父親は思春期から「広汎性発達障害」と診断され精神科に通院していた。しかし事件発生当時は通院が途切れていた。広汎性発達障害の特性により、父親が男児の泣き声に通常よりも敏感になり、精神的に追い込まれていたと推測される。またこの父親だけのことではないが、一般に若く経験の乏しい父親は、乳児の脆弱性や発達の具体的なプロセスについての認識を持たず、したがって乳児への接し方、育て方もわからないことが多い。加えて、この父親は妻子を出産後4日目で退院させたことからもわかるように、経済的な問題も抱えていた。この父親の発達障害について市保健センターが家庭訪問の際などの聞き取りで把握し、また彼の精神科主治医とも連絡をとり、連携して父親の子育て支援にあたっていれば、事件は未然に防げたと思われる。

先に述べたように子育て支援では母子が中心となっているが、父親への子育て支援の取組が必要である。現在、多くの自治体で取組が進められているが、掛け声のみで実質が伴わない場合が多い。若い父親にとっては、乳児とは何か、どう扱うのかというのは、ほとんど未知の領域である。とりわけ未だ首が据わっていない乳児の泣き声にイライラして感情のコントロールを失い、泣き止まそうとして激しく揺すぶることは子育てに慣れていない若い父親に対して予測されるリスク要因である。このような行為により、定頸前の乳児の頭が激しく揺さぶられ脳内出血を起こす恐れがある。この「乳幼児揺さぶられ症候群」については、母子が出産医療機関から退院する前に父親も必ず参加して研修を行う必要がある。

リスク要因論における問題点

　リスク要因論における問題点は、第1にリスク要因の存在から虐待等の暴力の発生までの「過程(プロセス)」が明らかにされていない、ということである。たとえば親あるいは養護者が「子どもの発達に関する知識を欠如、あるいは非現実的な期待を子どもに対して抱くこと」あるいは「犯罪にかかわっていること」、また「ジェンダー間不平等、社会的不平等が存在すること」等のリスク要因が存在するとして、そこからどのような過程、段階を経て虐待が発生するのかがわからない。虐待等の暴力予防のためには、この過程を明らかにして有効に対応することが必要であろう。第2にリスク要因相互の錯綜した関係が明らかにされない、ということである。たとえば社会的不平等や貧困が、個人をアルコール・薬物依存へと追いつめる、全体社会におけるジェンダー不平等的な文化・規範のあり方が、家族関係における権力と支配に強い影響を与える等について説明される必要がある。異なるレベルの要因間の相互の関係・関連については「入れ子型エコロジカル理論」の節で取り扱うことにする。第3は、同一のリスク要因に直面して虐待等の暴力が発生する家族がある一方で、発生しない家族もあり、リスク要因論はその違いについて何も説明しない。言い換えればリスク要因に直面した家族がそれにどのように対応し処理できたのか、あるいは対応できなかったのかが明らかにされないのである。この課題に応えるのが「家族システム」論である。次節では、「家族システム論」について考えていくことにする。

II-2　家族システム論

　この理論グループの説明においては、重点はリスク要因から家族システムによるリスク要因の処理あるいは適応の問題へと移行している。家族システム論では、さまざまなリスク要因あるいはストレッサー(ストレスをもたらす可能性があるできごと)に対して、家族システムが適応・処理できなかった結果としてファミリー・バイオレンスが発生すると考える。逆に家族システムのリスク要因に対する適応・処理がうまく機能すれば、リスク要因が存在してもファミリー・バイオレンスは発生しないことになる。リスク要因論との関連でいえば、リスク要因のうち特に家族関係に関わる要因グループを独立的・を重点的に考察し、他の要因グループについては、家族関係的要因グループにおける問題解決及びそれに伴う

機能に影響を受けるものと考える。

代表的な家族システム論
　アメリカのファミリー・バイオレンス研究者のD.A.ハインズとK.マレー＝モリソンは、ファミリー・バイオレンス研究理論をグループ分けし、その中でも家族システム論グループに属するものを紹介している（Hines & Malley-Morrison, 2005：19-20）。家族システム論グループはさらに家族システムそのものに重点を置き内部の軋轢、葛藤が暴力を生むとするものと、外部のストレッサーの処理に家族システムが失敗することで暴力が生じるとするものとに分類されている。

〈家族システム内部に重点〉
・M. A. シュトラウス（Straus, 1973）
　理論のエッセンス：ファミリー・バイオレンスは個々人の行為における病理からではなく家族システムから発生する。家族メンバー間の日々の生活における相互作用のストレスが対立葛藤を生み、暴力もその中に含まれる。
・J. ギルズ＝シムズ（Giles-Sims, 1983）
　理論のエッセンス：配偶者暴力が研究の対象である。家族システムを解体に至らしめる主要なストレッサーとして、金銭をめぐるケンカ、嫉妬、男性におけるアルコールあるいは薬物の使用、性と愛情に絡む問題等がある。
・P. W. ホウズ他（Howes et al., 2000）
　理論のエッセンス：子どもに対する性的虐待が発生する家族システムを特徴づけるのは、怒りを制御するのが困難であること、家族間の役割システムが組織化されていないこと、相互作用の混乱、さらに家族間の相互作用をマネジメントする能力が乏しいこと等である。

〈外部のストレッサーと家族システムとの関連に重点〉
・K. ファリントン（Farrington, 1986）
　理論のエッセンス：ストレッサー（適応を要求する変化あるいは［既成の事象の：筆者註］崩壊であり、現在所有している資源［広い意味での：筆者註］では適応するのに不足である）は「道具的（instrumental）」（子どもを泣き止ませるために叩く、ケンカを終わらせるために配偶者を平手打ちする等）および「表出

的（expressive）」（怒りのあまり激しくののしる等）ファミリー・バイオレンスを伴う。

・E. E. ウィップル他（Whipple et al., 1991）

理論のエッセンス：子どもに対して身体的虐待を行う両親は、有意に低所得であると報告されている。また子どもに虐待を行う母親は煩わしい日常茶飯事からより多くのストレスを抱え、またこのような煩わしい日常茶飯事によりネガティヴな認識を持ち、抑うつや不安を感じていることが多い。

・E. A. タジマ（Tajima, 2000）

理論のエッセンス：家庭内での妻に対する暴力は、子ども虐待の発生の可能性を有意に高める。妻に対する暴力は子どもに対する体罰の最も強いリスク要因である。また子どもに対する言語的虐待の発生を最も強く予測させるのは、結婚生活における不和であるが、暴力は伴っていない。

・J. L. クラウチ、L. E. ベール（Crouch & Behl, 2001）

理論のエッセンス：子育てに伴うストレスと身体的虐待の可能性との間に、正の相関があるのは体罰の価値を強く信じている親達であるが、体罰の価値を信じない親達においてはそうではない。

ストレッサーへの2段階適応モデル（井上、2005、2011）

ファミリー・バイオレンス研究において筆者が提出した「ストレッサーへの2段階適応モデル」も（図9）、基本的には家族システム論の立場から、家族システムの外部のストレッサーへの対処・適応の機能不全が、暴力の発生に至ると考えている。モデルの構築は、多くの具体的ケースを検討する中で帰納的に行われた。このモデルの特徴は次のようである。

①ストレッサーとストレスとの中間プロセスの設定

先にも述べたように同一のストレッサーにさらされても、それにうまく対処・適応できてストレスが発生しないケースと、うまく対処・適応できなくてストレスが発生しファミリー・バイオレンスに至るケースとがある。筆者は、この2つのケースの分岐を説明する中間プロセスを想定することが必要であると考えた。「ストレッサーへの2段階適応モデル」は、この中間プロセスに該当する。

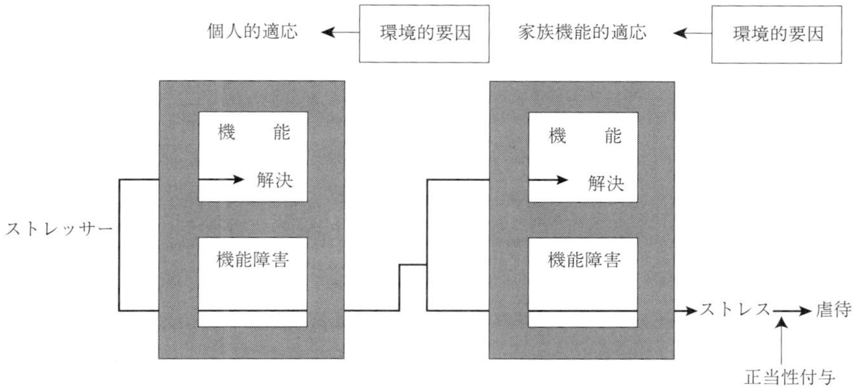

第Ⅱ章　ファミリー・バイオレンス発生のメカニズム　47

```
                個人的適応 ← 環境的要因    家族機能的適応 ← 環境的要因

                     ┌─────────┐              ┌─────────┐
                     │ 機　能   │              │ 機　能   │
                     │  →解決  │              │  →解決  │
   ストレッサー ─────┤         ├──────────────┤         │
                     │ 機能障害 │              │ 機能障害 │──→ ストレス →虐待
                     └─────────┘              └─────────┘
                                                              正当性付与
```

出所：井上眞理子、2007、『ファミリー・バイオレンス――子ども虐待発生のメカニズム』初版第二刷、晃洋書房。

図9　子ども虐待発生過程の構造化――ストレッサーへの2段階適応モデル

②要因処理の成否と暴力の抑止・発生との関連づけ

　リスク要因論では、諸要因を暴力の発生に直線因果的に結びつけているのに対し、このモデルでは、諸要因への対処・適応がうまく機能した場合に暴力は発生せず、機能不全であった場合にのみ暴力は発生するとしている。諸要因ではなく要因処理の成否と暴力の抑止・発生とを関連づけている。

③個人的適応と家族機能的適応との2段階の設定

　ストレッサーに対する個人的適応に失敗しても、その個人がおかれている家族システムのあり方がどのようであるか、あるいはその家族システムがどのような外部資源を動員できるかによって暴力は抑止できると考えるので、個人的適応と家族機能的適応との2段階が設定されている。

④環境的要因の考慮

　個人的適応、家族機能的適応のいずれのレベルにおいても、個人・家族が適応を行う際にどのような外部資源を動員できるか（個人的適応の場合は、友人・知人・親族の協力等、家族機能的適応の場合は、サポートネットワークの活用、福祉制度の利用、行政における有効な家族政策の実施等）という「環境的要因」が考慮されている。

⑤暴力を発動させる「正当性付与」

　ストレッサーへの対処・適応がうまくいかないとストレスが発生し、しだいに増幅される。しかしそれだけでは暴力は発生しない。どのような暴力でも暴力そのものとして発動されることはない。「国家を守るために」あるいは「自由と民主主義を守るために」戦争が始められるように、小さな家族の中の暴力でさえ発動するために何らかの「正当性」を必要とする。この正当性付与に大きく関わっているのは全体社会の文化、価値・規範である。子ども虐待の正当化に「しつけ」ということばが用いられ、その背後に「体罰肯定的文化」が存在しているのは1つの例である。

　先の「代表的な家族システム論」の部分で紹介したクラウチとベールの理論においても、子育てのストレスが身体的虐待の可能性と正の相関を持つのは体罰の価値に強い信念を持つ親達の場合であり、体罰の価値を信じていないあるいは体罰に疑念を抱く親達の場合はそうではないことが指摘されていた。彼らの理論においても、ストレッサーの処理がうまくいかずストレスが発生したとしても、それはただちに暴力（虐待）につながるわけではない、とされている。暴力（虐待）が発生するためには、暴力に正当性を与える価値・規範・信念の存在が必要となる。

家族システム論の問題点

　家族システム論について概観してきたが、この理論グループにも問題点がある。その第1は、ストレッサーに直面しこれを処理・適応する主体として家族システムを位置づけるところから生じる。この場合ストレッサーは家族システムの外部に存在するかのような想定となるが、実際に夫婦、親子間葛藤のようにシステムの内部から生じることがある。また、ストレッサーに対して家族システムがうまく処理・適応できなかった場合、ストレスが発生し暴力としてアクト・アウトするが（正当性を付与された場合）、ファミリー・バイオレンスの場合、暴力の対象は同じ家族システムのメンバーである。このように家族システムそのものを主体とする図式では、説明しきれない部分が生じる。これについては先の「代表的な家族システム論」で見たように、理論グループを「家族システム内部に重点を置くもの」と「外部のストレッサーと家族システムとの関連に重点を置くもの」とに分けて、考えていくことも必要であるだろう。

第2に家族システム論では、暴力は、ストレッサーに対する処理・適応の機能不全から発生する〈ネガティブ〉な結果と考えられている。換言すればそれは、「適応失敗的暴力」である。しかし、そうではない暴力、すなわち価値・規範に同調しそれをみずからの信念とすることから発生する〈ポジティブ〉な結果としての暴力もある。換言すれば「規範同調的暴力」である。暴力肯定的な育児文化に同調してなされる体罰は、その一例である。家族システム論は、このような「規範同調的暴力」を捉えることができない。

暴力肯定的育児文化と体罰

　心理歴史学の研究者であるL. ドゥモースは「18世紀以前に生まれた子どもの大部分は、今日で言う被虐待児（battered children）の範疇に入る」（deMause, 1982／宮澤康人他訳、1990：122-32）と述べている。彼によれば18世紀以前のヨーロッパの子育てに関する200の助言のうち、ほとんどが激しい鞭打ちの罰を子どもに科すことを肯定している。鞭打ちに使う道具は多種多様であり、「九尾の猫鞭（cat-o-nine-tails）」（9本のこぶつきの紐を柄に通した鞭）、「しつけ鞭（the discipline）」（小さな鎖で作った鞭）、シャベル、鉄か木の棒、小枝を束ねたもの、等々であった。古代ギリシャ、ローマ、中世を通じて鞭打ちやその他の体罰がさかんに行われた。旧来の鞭打ちの罰が、ヨーロッパとアメリカの家庭と学校から姿を消し始めるのは実に19世紀に入ってからである。ドイツでは1960年代半ばにおいても親達の80％は体罰を肯定し、35％以上が実際に体罰用の鞭を使用していたとされる（Demause 訳書、1990：131）。このような体罰の広汎な浸透に対する反省からか1979年にスウェーデンにおいて「体罰禁止法（The Swedish Anti Spanking Law）」が制定され、その後フィンランド（1983）、ノルウェー（1987）、オーストリア（1989）、キプロス（1994）、デンマーク（1997）、クロアチア（（1998）、ラトビア（1998）、ドイツ（2000）と続き、2017年現在で52ヵ国が体罰禁止を法制化している。

七つ前は神のうち

　日本の伝統的な育児文化においては、特に7歳までの乳幼児に対しては苛烈な体罰は適用されなかったとする意見がある。社会学者の徳岡秀雄は「七つ前は神様」、「七つ前は神のうち」等の諺を手掛かりに、「子どもは人であるよりもむし

ろ神に近いもの」という幼児神聖視、清浄視が前近代日本社会にはあり、7歳までの時期はほとんどしつけの無い時期であった、としている（徳岡、1986：94-95）。また彼は民俗学者の柳田国男を引用しながら、子どもは「道祖神」「地蔵」等の神仏に愛される存在であったとも述べている（徳岡、1986：94）このような幼児神聖視、清浄視の背景として当時の乳幼児死亡率の極端な高さがあったとも指摘している。しかし子どもが成長し7歳になると、突然厳しいしつけが開始される。「七つ泣き鼻どり」という諺があるように、泣いて嫌がっても無理やり田畑に連れ出され牛馬の鼻どり（田畑を耕す時、牛馬の鼻を取って誘導すること）等の労働のしつけをはじめとして、あらゆる生活面でのしつけが始まる。そしてこのしつけの場面では、「行動を抑制する方法として禁止、叱責、体罰、絶食、脅迫、隔離等が多用された」（徳岡、1986：93）。

「七つ前は神のうち」という諺に対して、教育学者の太田素子は、徳岡と異なる解釈を行っている。太田は日本の前近代社会においては、出生コントロールの方法として、「子返し（嬰児殺し）」の習俗が広く存在し、「七つ前は神のうち」という諺は、嬰児殺しにまつわる罪悪感を薄める機能を持ったと指摘している（太田、2007：35）。「子返し」という表現に込められているのは、嬰児殺しと言っても「彼岸からこの世にきた幼い魂を神のもとへ再び返すだけで、若い魂はすぐ再生する」という俗信であった。嬰児殺し以外にも堕胎、捨て子等が広く行われていた。5代将軍徳川綱吉は「生類憐み」策の一環として捨て子禁止令を繰り返し出し、「生類憐み」策の本質は世間で言われるような犬の愛護ではなく、捨て子、捨て病人、捨て牛馬禁止の方にあった、と太田は指摘している（太田、2007：37）。このように太田の解釈では、「七つ前は神のうち」という諺は、伝統的な日本の育児文化において7歳未満の子どもへの暴力は存在しなかったということの証拠ではなく、逆に嬰児殺し、死を予測しての捨て子等、暴力の最高の形態としての殺人、未必の故意による殺人を裏付けるものであったとされる。

規範同調的暴力／適応失敗的暴力と道具的暴力／表出的暴力

適応に失敗した結果ストレスが発生し暴力としてアクト・アウトする場合を「適応失敗的暴力」、社会の既存の価値・規範に同調することで生じる暴力を「規範同調的暴力」と呼ぶ、と先に述べた。この2概念は、現代フランスの社会学者M・ヴィヴィオルカが提出した「表出的（expressive）暴力」および「道具的

(instrumental）暴力」という2概念と重なる部分を持つ（Wieviorka, 2009：88）ので、概観したい。

　ヴィヴィオルカによれば、「道具的暴力」は目的を達成するための手段であり、目的達成のために動員される資源である。そのようなものとしての道具的暴力は、価値・規範によって裏打ちされている。すなわち暴力を手段として達成されようとする目的は価値があり正当なものとされる（たとえば「平和」、「社会の秩序」等、子ども虐待の場合は「親を尊敬し礼儀正しい子どもの育成」等）。またこのような目的を達成するための手段としての暴力も、社会の「規範」にかなった望ましいものであり、定型化され制度化されている（たとえば国家レベルでは、「軍隊」、「警察」等、家族・学校等においては「体罰」等）。道具的暴力は目的達成のための手段であるから、残忍で正気を失ったかのような外観にも拘わらず理性と計算に基づき動員される。

　一方「表出的暴力」は、暴力をふるう者からの粗野なメッセージであり、怒りや憎しみを直接的、無媒介的に表出する。怒りや憎しみは現実生活への適応がうまくいかないこと、問題解決の失敗や挫折から発生しており、その意味では「適応失敗的暴力」と重なる部分がある。しかしヴィヴィオルカは、それ以上のものが表出的暴力にはあると考えている。たとえばそれは、暴力をふるう主体にとっては、粗野ではあるがアイデンティティ表出の一つのかたちである。子どもによる親あるいはその他の親族への暴力はその例である。多くの場合、親に対する同一視と同調のなかで成長してきた子どもが、何かをきっかけとして親あるいは親族に対する暴力・暴言を激化させるというのは、同一視と同調から脱したことの表現であり、しかしいまだ積極的なアイデンティティも獲得できない中での混乱の表出と考えられる。詳細は、筆者による家庭内暴力についての調査に基づいた考察を展開している第Ⅵ章に譲りたい。

　家族システム論には上記のような問題点があり、全体社会の文化・価値・規範の影響の家族システムへの内在化をうまく捉えることができない。そこで次の説明理論グループに議論を移すことにしたい。

Ⅱ-3　入れ子型エコロジカル理論（Nested Ecological Theory）

　全体社会の文化、価値、規範の家族への影響、家族システムへのそれらの内在

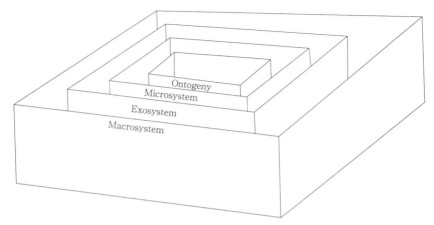

出所：筆者作成。

図10　入れ子型エコロジカル理論（Nested Ecological Theory）モデル

化をうまく捉えることができないという家族システム論の問題点を踏まえ、「入れ子型エコロジカル理論」（Nested Ecological Theory：以下エコロジカル理論と省略）が現代におけるファミリー・バイオレンス研究の主要な理論枠組として広く用いられるようになった。

　もともとは U. ブロンフェンブレナーが、人間の発達に関する研究の理論枠組として考案したものであるが（Bronfenbrenner, 1979）後にファミリー・バイオレンス研究の分野に導入された。この理論枠組を採用した研究としては、J. ベルスキーの子ども虐待の研究（Belsky, 1993）、D. G. ダットンの配偶者暴力の研究（Dutton, 1985）、L. B. シアンバーグと D. ガンズの高齢者虐待の研究（Schiamberg & Gans, 2000）、B. コットレルと P. モンクの少年の家庭内暴力（Adolescent-to-Parent Abuse）の研究（Cottrell & Monk, 2004）等がある。

入れ子状になり相互作用する４つのシステム

　エコロジカル理論では、家族システムに焦点をおいたアプローチから離れ、家族システムは相互作用する４つの主要なシステムの中の一つに位置づけられている。これらの４つのシステムとは、マクロシステム（Macrosystem）、外システム（Exosystem）、ミクロシステム（Microsystem）、個体発生的要因（Ontogeny）である。この理論の特徴は、これらの４つのシステムが大から小と平面的に配列

されているのではなく、図10のように名前のとおり「入れ子」状に立体的に重なり合っていると考えることである。大きなシステムが小さなシステムの外的環境として影響を与えるのみならず、小さなシステムも大きなシステムの内的環境として影響を与える、と考えられている。このようにして4つのシステムは相互作用を行う。このエコロジカル理論の枠組を用いることで、ファミリー・バイオレンスの発生に関わる要因をどのシステムに属するものかというふうに分類し、また要因相互の関係を明らかにすることができる。

　4つのシステムをそれぞれ簡単に説明することにしたい。まずマクロシステムに属するものとしては、全体社会の文化、価値、規範、信念等がある。これらは暴力に正当性を与え、美化し、暴力にむけての「社会化」あるいは「学習」を促す。外システムに属するのは、社会・経済構造的要因であり、貧困や経済的ストレス、地域社会における支援の欠如、社会的孤立等である。ミクロシステムは主として家族内相互作用のパターンであり、たとえば、力関係の不均衡、支配・服従、ネガティブなコミュニケーション・スタイル、紛争解決スキルの乏しさ等である。個体発生的要因は、暴力の加害者の個人的特性や経験でたとえば、アタッチメントの欠如や情緒的・精神的健康をめぐる問題、アルコールや薬物等の物質依存、子ども時代の被虐待経験、また暴力の学習や社会化の経験等である。個体発生的要因の中に被害者におけるヴァルネラビリティ（攻撃誘発性）を含める研究者もいるが、これは被害者における個人的特性と言うよりも加害者が相互作用のなかでそれをどう認識するか、すなわちミクロシステムに属する問題と考えるのが妥当であろう。

　直前の議論にみられたように、エコロジカル理論では、客観的事態としての要因より要因相互間の「関係」、「相互作用」に注目する。要因を分類し4つのシステムのいずれかに位置付けるので、リスク要因論に戻ったかのような観があるが、リスク要因論と異なり複数の要因を列挙するのではなく、要因相互の「関係」、「相互作用」に理論の焦点が置かれる。また特にマクロシステム、すなわち全体社会の文化、価値、規範、それらを内在化したものとしての信念が、暴力の発生において有力な影響を持つことを明らかにする、等の長所がある。後の章では、筆者が実施した児童虐待および少年による家庭内暴力の調査結果の分析にエコロジカル理論を応用する。

第Ⅲ章　家族システムの複雑な様相とファミリー・バイオレンス

　この節では、家族システムの特性とファミリー・バイオレンスとの関連について考えていくことにしたい。「Ⅱ-2　家族システム論」において、〈家族システム内部に重点〉を置く理論グループと、〈家族システム外部のストレッサーと家族システムとの関連に重点〉を置く理論グループとに分類したが、ここでは前者についてさらにシステム内部の複雑な様相を具体的事例と結びつけながら見ていきたい。

　まず第1に生じてくる疑問は、先にファミリー・バイオレンスの定義において示したように、現代社会では「家族」という名のもとに包摂される集団は極めて多い。当然法律婚か事実婚かという法的届出の有無は問題にならないし、同性婚か異性婚かという性的指向の違いも問題にならない。家族システムのサブ・システムとして、夫婦関係、親子関係（養親子関係含む）、きょうだい関係、祖父母・孫関係等があり、家族システムはこれらのうちの1つあるいは任意の組合わせで構成される。夫婦関係（事実婚も含む）、養親子関係のみの家族システムもあるので、血縁関係の有無も問題にならない。

　もう1つの疑問は、現代社会では、家族の絆の緩みや家族崩壊等が問題となっており、システム概念を家族に適用できるのかということである。家族システム論では、われわれがシステム概念に対して抱きがちな、安定性や静的な秩序を前提にしておらず、システムを変動の相のもとにとらえているので、家族への適用は差支えないと考えている。

　以降、C. B. ブローデリックの家族システム論（Broderick, C. B., 1990）に拠りつつ、適宜具体的ケースを挙げながら見ていくことにしたい。この具体的ケースの中には筆者が京都家庭裁判所家事調停委員として調停を行ったケースが含まれている。その場合は、プライバシー保護の観点から、細部を修正してフィクションに加工していることをお断りしておきたい。

Ⅲ-1　プロセスの中の配偶者暴力

家族システムはつねにプロセス（過程）である

　家族システムと聞くと、静的で動かない実体というイメージを抱きやすい。しかし家族システムの外部環境との境界、家族メンバー間の結合と相互作用、サブ・システム間の序列はつねに変動していて、家族システムは「プロセス（過程）」そのものである。そのため家族システムを説明する時に、名詞形より動名詞形を採用する方が実態をよく表わすことができる。たとえば「構造（structure）」より「構造化（structuring）」、「序列（hierarchies）」より「秩序化（ordering）」、「境界（boundaries）」より「境界化（bounding）」というような具合である。

　家族システムはつねに変動するプロセスであるので、家族内で生じる出来事を説明するのにあたって、従来の社会科学のベースになっている「直線的因果関係」ではなく「循環的・回帰的因果関係」のモデルを採用する。付け加えればこのことは家族システム論のみでなくシステム論一般に該当する。循環的・回帰的因果関係モデルにおいては、直線的因果関係モデルのように結果が原因に依存しているだけでなく、原因もまた結果に依存し両者の間には閉鎖回路的な因果の連鎖が存在すると考える。家族システムの閉鎖性の程度が高いほど「循環的・回帰的因果関係」のループは強固となり悲惨な結果に至ることも多い。

アメリカにおける配偶者暴力

　例としてファミリー・バイオレンスのうちでも、配偶者暴力をとりあげてみたい。「全米ファミリー・バイオレンス調査（The National Family Violence Survey NFVS）」は、アメリカで実施され、もっぱら親密なパートナー間バイオレンスのみを対象とした、初めての全国調査である。対象は法律婚・事実婚カップルのみで、暴力を測定するために「紛争解決戦術尺度（Conflict Tactics Scale CTS）」が用いられた。調査対象者に対する質問は「過去1年間に特定の家族メンバー（配偶者、子ども等）との間に意見の不一致があり、怒りのためにCTSに示したいずれかの暴力行為（言葉による攻撃から身体的攻撃あるいは暴力までを含む）を何回くらい行ったことがありますか？」というものだった。少し古くなるが1985年の調査結果では、11.6％のカップルが、過去1年間に身体的暴行

（殴る、蹴る等で深刻な暴力に分類され、英語表記は assault である。言葉による攻撃や心理的暴力は含まない）を経験していた。さらに注目すべきであるのは、妻による夫への暴力の発生率は夫による妻への暴力の発生率とほぼ同じであることだった。これは、何を意味するのだろうか？女性も男性と変わらず暴力的であるということだろうか？これについては、暴力の尺度として用いられた CTS の欠陥に原因を求める声が多い。CTS においては、暴力的行為がリスト化されていて、〈軽い暴力〉a. ものを投げる、b. 押す、掴む、突き飛ばす、c. 平手で叩く、〈深刻な暴力〉a. 蹴る、噛む、拳で殴る、b. ものを用いて殴る、c. 打ちのめす、d. 窒息させる、e. 拳銃やナイフで脅す、f. 拳銃やナイフを実際に使用する、の項目のうちから選択して回答するようになっている。

　この CTS に決定的に欠けているのは、プロセス（過程）の概念である。このスケールを用いている限り、暴力はそれが発生した状況から切り離され孤立した行為となる。CTS は、最初に暴力の口火を切ったのは誰なのか、当事者同士の関係は日常的にはどうなのか、当事者の身体サイズや力の強さはどうなのか等については問わないのである。ファミリー・バイオレンスの代表的な研究者で最近の全米ファミリー・バイオレンス調査にも携わった M. ストラウスと R. ゲルスは、調査結果の背後にある意味はしばしば誤解されあるいは看過されているとして次のように述べている（Straus. & Gelles, 1990）。「女性による家族内暴力の高い発生率を理解するためには、女性による夫に対する身体的暴行の多くの部分が、仕返しの行為でありまた自己防衛の行為であることを認識することが重要である。なぜ女性は家族内で暴力的であり、家族外では滅多に暴力的ではないのかということの主要な理由の１つは、典型的なアメリカ女性にとって家庭は、もっとも深刻な身体的暴行のリスクが存在する場所であるということである」。

　女性の身体的暴力行為は、切り離された現象ではなく家族システムのプロセス、循環的・回帰的因果関係のなかで理解されねばならない。さらに循環的・回帰的因果性のループが閉鎖的であるほど、事態は悪化し悲惨な結末に終わる可能性があるので、このループへの外部からの介入が必要となってくる。外部からの介入が悲惨な結果の回避に役立つことについて、さらに見ていくことにしたい。

　次に挙げるのは、悲惨な結果の１つとしての配偶者殺人の例である。図11は、アメリカの警察による統一犯罪記録（Uniform Crime Reports UCR）に基いた、「被害者の性別で見た親密なパートナー間殺人の件数の推移　1976-2002」である。

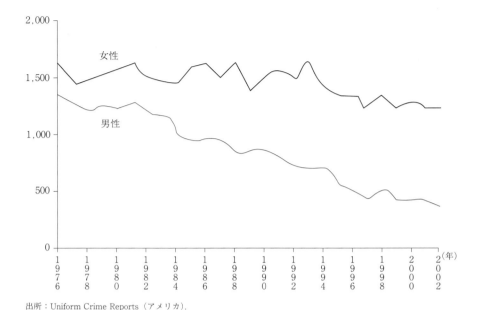

出所:Uniform Crime Reports(アメリカ).

図11 アメリカにおける被害者の性別で見た親密なパートナー間殺人の件数の推移（1976-2002）

　グラフによると、過去26年間に親密なパートナーに殺害された人の数は男女ともに減少してきているが、減り幅は、女性よりも男性の方がずっと大きい。しかしグラフが始まる1976年には、配偶者殺人の被害者数は男女でほとんど変わらず、先述のNFVSの調査結果と同様、女性も男性と同じくらいに配偶者殺人を行っているのがわかる。それではなぜその後の26年間で女性による配偶者殺人が減少したのだろうか。これは、女性による配偶者殺人が、男性からの繰り返される暴力に対する防衛のいわば「最後の手段」であることと関わっている。それを裏付ける事実として、男性からの暴力の犠牲になっている女性を救済するための資源（シェルターや相談のためのホット・ラインまた法律サービス等）が豊富な州や市では、女性による配偶者殺人の発生率が有意に低くなっている（Alvarez & Bachman, 2008：128）。家族内暴力の閉鎖的な回路にこれらの資源が介入するので、悲惨な結果が回避されたと推測される。

Ⅲ-2　ポジティヴ・フィードバックとネガティヴ・フィードバック

　家族システムのプロセスの循環的・回帰的因果関係のなかで、相互作用は次第にその否定性あるいは肯定性を強めていく。このメカニズムを説明するのが、ポジティヴ・フィードバックとネガティヴ・フィードバックである。

　ポジティヴ・フィードバックは、当初の家族メンバーの行為が繰り返され、拡大・強化されていく確率を高める効果を持つ。たとえば、子どものお手伝いに対して、親等の家族の年長メンバーが笑顔やご褒美で応える場合、子どもはさらに動機づけられ、子どものお手伝いは繰り返され拡大・強化されていく。これはポジティヴ・フィードバックでも肯定的な場合であるが、否定的な場合もある。たとえば倦怠期の妻が夫に対して嫌悪感をあらわにした態度をとると、夫の側でも同じくらい、あるいはそれ以上の嫌悪感を示そうとする。そうすると当初の妻の態度は、今後も繰り返され、拡大・強化されていく。肯定的、否定的いずれの場合でもポジティブ・フィードバックにより、家族システムの相互作用のパターンに変化がもたらされ、システムに不均衡が発生し増幅していく。その結果、家族システムの形態変化＝モルホジェネシスが発生する。子どものお手伝いの事例では、子どもも家事分担に参加するようになったので、家族内の役割分担システムに変化が発生する。嫌悪感を互いにあらわにする倦怠期の夫婦の事例では、お互いの嫌悪感と敵意が高まる結果、２人は別居を経て（経ない場合もあるが）離婚し、家族システムそのものが解体してしまう。

　一方、ネガティヴ・フィードバックは、当初の家族メンバーの行為が繰り返され、拡大・強化されていく確率を低める効果を持つ。子どもがお手伝いをしても、親等がこれを無視したり、「余計なことをするとかえって私の仕事が増えるのよ」と迷惑げに言ったりすると、子どもはやる気を挫かれてお手伝いをやめてしまう。これは否定的な意味合いを持つネガティヴ・フィードバックであるが、肯定的な意味合いを持つネガティヴ・フィードバックもある。倦怠期の夫婦の事例では、妻が夫に対して嫌悪感をあらわにした態度をとっても、夫がこれを無視し妻に対する反感を抑え、平静な気持ちでコミュニケーションを続ける努力をすれば、決定的な分裂をひとまず回避することができるだろう。肯定的、否定的いずれにおいてもネガティヴ・フィードバックは、システムに発生しようとする変化を抑え、システムの安定性と均衡を保つはたらきがある。しかし、システムに変化が発生

せず均衡と安定が保たれていることがつねに望ましいわけではない。先にも述べたように家族システムは外部環境の変化、家族メンバーに生じた変化に適応し、変動していかねばならない。家族システムは静的な構造ではなく、常に変動しているプロセスである。安定と変化の調整は、ポジティヴ・フィードバックとネガティヴ・フィードバックを有効に組合わせることで可能となる。

否定的ポジティヴ・フィードバックの中での虐待の応酬――身体的虐待と経済的虐待――

配偶者暴力においては、とりわけ男性による身体的虐待が問題となることが多いが、これらを家族システムにおけるポジティヴ・フィードバックのループの中においてみると、女性からの他の種類の暴力とりわけ経済的虐待との応酬関係になっていることがある。以下に挙げる事例は1、2とも筆者が家事調停委員として調停を行ったケースであるが、プライバシーの保護のため修正を加えている。

事例1

夫、妻ともに70代であるが、妻から夫による身体的虐待を理由に離婚請求の申立てがあった事件である。妻の申立てでは、夫は結婚当初から定年後まで妻に身体的暴力を振るってきたということであるが、夫は暴力の原因は2人の価値観の相違と妻によるコミュニケーションの拒否であると説明する。価値観の相違については、夫は親族同士の付き合いや礼儀を重んじるが妻はそういったことには無頓着で、とりわけ夫の親族に冷淡である。このことについてじっくり語り合おうとしても、妻は面倒臭がって途中でその場を離れてしまう。

そのため夫が怒って暴力を振るうこともあったが、中年以降は暴力を振るっていないと主張する。

ここで全体的な傾向を見ると、妻からの離婚申立て動機の第2位は「夫が暴力を振るう」となっており配偶者暴力への対応が家事調停における近年の大きな課題で、筆者も多くの配偶者暴力事件の家事調停を行ってきた。東京家事調停協会合同研究委員会では、配偶者暴力防止法施行の翌年である2002年に「DV事案を担当する際の心得のミニマム」を取りまとめ、2004年には改訂版を作成した。これらにおいては、配偶者暴力は重大な人権侵害であり、身体的暴力のみならず心理的暴力や性的暴力も含まれていること、保護・支援についての情報を被害者に

誠意をもって助言すること、保護命令の申立てや被害者の安全確保等、通常のケースより入念かつ慎重な検討が必要であるので、調停委員と審判官の評議を綿密に行うこと、「夫の多少の暴力は妻として我慢すべき」等の発言にみられるようなジェンダー・バイアスを克服すること、早期決着をはかること、等が述べられている。

　妻が夫の暴力を理由として申立てた離婚事件では、当然、夫の身体的暴力が家族システムにおける主要な問題として目立っている。しかし調停のなかで離婚にいたるプロセスを申立て人（妻）と相手方（夫）の双方からの説明に基き明らかにしていくと、そこには妻からの異なる種類の暴力が潜んでいる事がある。妻からの暴力は、多くの場合、夫に対する経済的虐待である。事例1の場合は、夫の退職金500万円が使途不明のまま誰かによってすべて使われており、夫はそのことを全く知らなかったのである。妻は夫の退職金のことは当初その存在も全く知らなかったと主張したが、後に退職金の事は知っていたが金額や振込先は知らなかったと主張を変えた。妻は30代から株取引をおこなっており、金銭に無頓着な夫に代わって銀行口座等の管理も行ってきたので、振り込まれた退職金のことを知らないはずはなく、彼女の株取引の資金として流用されたのでは？という疑念を筆者も含め担当の調停委員は抱いたが、調停は捜査の場ではなく事態は不明のままとなった。結局離婚は成立し、財産（主として不動産を売却したもの）は均分し、夫の年金は按分割合を0.5として夫と妻との間で分割することとなった。

　夫の退職金を妻が無断ですべて使ってしまっても、それを横領とは言わないのも事実である。なぜなら夫婦が婚姻後に形成した財産は、たとえ妻が専業主婦で財産が夫の名義になっていても夫婦の共有財産だからである。この財産の形成にあたっては、妻は家事育児という無償労働で貢献したとみなされ、離婚に際しては、平等に分配される必要がある。

　そうするとやはり、夫に知らせることなく退職金をすべて使うことは、横領ではないが財産均分の原理には反することになる。しかし筆者には、妻の行為の善悪を云々する意図はない。明らかにしたいのは、夫の身体的暴力と妻の経済的暴力は家族システムの循環的・回帰的因果関係、その否定的ポジティヴ・フィードバックの中にあり、互いにその否定性を強化し合いながらシステムの解体に至るということである。

事例2

　夫婦ともに30代で、夫の心理的虐待を理由として妻が離婚を申立てた事件である。

　妻によれば、夫は気に入らないことがあると黙り込み、また食事もせず、口論になれば理詰めで妻を責め、重苦しい威圧感を妻に抱かせていた。趣味や興味も異なり、夫から叱られる事も多くどんどん萎縮していったと妻は語った。このような夫であったが、会社から出張というかたちで東京の有名私立大学に10ヶ月間国内留学できることなり、その間は明るく優しくて、もしかしたらやり直せるかも知れないと妻は期待したが、国内留学が終了するとまたもとどおりになってしまった。離婚申立ての2年前から寝室も別々になり、妻は何度か家出を試みて失敗したあとで、申立ての1年前から夫と別居している。

　一方、夫はまた別のストーリーを語り、妻には濫費癖があり遊び好きで、また不倫を行っているとしている。妻は仕事をすると言っても配偶者控除の枠内で派遣の仕事をするにとどまり、その他は毎日、唄やピアノのレッスン、スポーツ等で忙しく過ごし、これらの活動のために疲れて帰宅し、食事も出来合いのものですませるようになった。申立ての2年前には、かつて付き合っていた恋人と再会し、不倫関係に陥ったが、ピアノのレッスンと称して関係を継続している。妻の濫費癖について言いたいことは、自分が国内留学中の東京での生活費は出張手当を充当したので、その間10ヶ月分の給料とボーナス、合わせて300万円は手つかずに残っているはずだったが、すべて妻が引き出して使っていた。妻を問い詰めると「ごめんなさい」と謝ったが、何に使ったかは記憶が無いとのことであった。

　妻に対しては一生責任を取ろうと考えていたので、妻の申立てのように、自分に原因があって離婚するということに納得できない。むしろ好きな人ができたから離婚してほしいというならば納得するが……というのが夫の言い分であった。

　このケースでも夫の心理的暴力に対して妻は経済的暴力で対抗している。婚姻後に形成した財産は共有財産で云々、の話は先ほど述べたので、ここでは繰り返さない。この離婚事件は結局、夫の同意が得られず調停は不成立となり裁判に移行した。

　付言すると、男性からの身体的暴力と女性からの経済的暴力とが必ず応酬関係になっているわけではない。男性からの身体的暴力があまりにも苛酷で、女性がまず身を隠さなければ生命も危ういという場合もあるだろう。また経済的暴力を

振るうべき資産も収入も、男性にはないという場合もあるかも知れない。また筆者が取り上げた事例は、いずれも女性が家庭裁判所へ離婚調停を申立てたものなので、それゆえのバイアスもあるであろう。

等結果性（equifinality）

等結果性とは、異なる原因が等しい結果をもたらす家族システムの属性である。ある目標を異なる手段、異なる道筋で達成できる家族システムの能力と言い換えることができるかもしれないが、この場合、家族システムに創発的特性としての主体性を想定しすぎるという問題がある。ブローデリックは、創発的特性を持つ実体としての家族システムではなく、諸相互作用の結果としてつねに変動するプロセスとしての家族システムを念頭において議論を展開しているからである。

例として、非行に走った子どもを更生させる唯一絶対の道筋は無いということについて考えてみたい。ある元保護観察官は、「子どもが非行に至った道筋と、非行から抜け出す道筋は同じではない。だから『家族のここが悪く、親がこのように間違っていたから子どもが非行に走った。まずその欠点を正さねばならない』と考える必要はない」（生島、1999：112-118）として、多様で柔軟な道を指し示している。等結果性は、家族システムにおけるポジティヴ・フィードバックとネガティヴ・フィードバックを組合わせることで可能になる。

等結果性と対をなす概念に、多結果性（multifinality）がある。これはポジティヴ・フィードバックとネガティヴ・フィードバックを組合わせることで、単一の原因が複数の結果をもたらすものである。

区切り（punctuation）

先に述べたように家族の相互作用は、循環的・回帰的因果関係のループの中にある。しかし家族の個々のメンバーは、進行中の相互作用のループに対して、それぞれの観点から区切りをつける傾向がある。つまり、果てしない相互作用の流れを、自らが理解し納得できるように整序するのである。

例としてある夫婦の日常生活を見ていくことにする。ある日曜日、妻は夫がいつまでもテレビを見ているのをやめさせ、暖房器具の修理をさせようとやっきになっている。妻がやっきになればなるほど、夫はますます妻の言うことを聞かずテレビに没頭する。このような相互作用のループを、夫婦はそれぞれ自分の都合

のよいように区切りをつけ切り取る。

たとえば妻は「夫がだらだらして私の言うことを聞かないから、私も仕方なしにうるさくいわねばならないんだわ」というふうに区切りをつけ、一方夫の側では「妻があまりに口うるさいので、自分は抵抗せざるを得ない」と区切りをつける。このようなことは日常生活でよく見かける現象である。

III-3 家族はメンバー間の相互作用がコミュニケーション、情報交換によって成り立っている社会システム

システムの中でも、有機体システムは諸部分間の相互作用が物理化学的エネルギー交換で成り立っているのに対し、家族等の社会システムはコミュニケーションと情報交換によって成り立っている。家族システムにおけるコミュニケーション的相互作用は、「情報交換・共有」的なものと、「関係定義」的なものとに分かれる。「情報交換・共有」的コミュニケーションは、家族機能の遂行と家族生活の運営に必要な情報を交換し共有しあうためのものであるが、「関係定義的」コミュニケーションは、家族生活における互いの関係がどのようなものであるか（愛情の度合いや、力関係、上下関係等）を相手に伝えようとするものである。「情報交換・共有」的コミュニケーションは、言葉によって語られる「メッセージ」を用いて行われるが、「関係定義」的コミュニケーションは、非言語的な表情や動作、語調、声音等の「メタ・メッセージ」によって伝達される。「メタ・メッセージ」は先に述べたようにメッセージの送り手と受け手の関係を定義し、またメッセージの内容についての解釈を伝達する。例としては次のようなものを挙げることができる。

日曜日の夕方から始めてずっと飲み続けている酒好きの夫に対して、妻が「あなた、もう十分飲んだじゃないの」と語りかけた。この場合のメッセージは、文字通り「飲み始めてから今に至るまであなたが摂取したアルコールの量は何を意味するのか、夫よ、考えてもみなさい」という警告である。それに加えて表情、語調、声音等により伝達されたメタ・メッセージは、「だらしなくセルフ・コントロールできない夫に対し、妻である私の方が優位に立ち保護者的存在なのですよ」という2人の関係を定義するものであった。日常生活におけるコミュニケーションで、相手のメッセージとメタ・メッセージを読み取らねばならない家族の

コミュニケーションは複雑かつデリケートであるが、なかでも困難なのはメッセージとメタ・メッセージが相反する内容を伝達する場合である。

ダブル・バインド

ダブル・バインドという概念を提示したのは、周知のようにG.ベイトソン（Bateson, G., 1956）であり、アメリカのパル・アルトにある退役軍人病院での調査に基いて研究が進められた（Watzlawick et al., 1967）。彼らの研究において明らかにされたのは、家族におけるコミュニケーションには複数の意味の水準があるが、言語的な伝達内容＝メッセージが、非言語的に伝達されるメタ・メッセージとしばしば矛盾するような家庭環境で育った人は、論理的なコミュニケーションができなくなるということであり、これをダブル・バインドと呼んだ。彼らはさらに、家族におけるダブル・バインドのコミュニケーションと統合失調症の発症との関わりを指摘した。しかし後に、ダブル・バインドと統合失調症との関わりは否定されることとなった。ベイトソンらの初期の研究は、サンプル数が少なく、統制群との比較やランダム・サンプリングも行われず、臨床的観察の信頼性にも問題があるというのが、その理由であった（Shean. G., 1978）

後の研究によってダブル・バインドと統合失調症との関連は否定されたが、筆者が調停を行った中にも、ダブル・バインド状況が子どもの心理的混乱をもたらしたケース（事例3）があった。事例3は事例1、2と同様、プライバシーの保護のため修正を加えている。

事例3

妻が離婚を申立てたケースで、中学生の長女と小学生の次女との2人の子どもがいる。夫婦はすでに別居していて、子ども達は母親と暮らしていた。夫婦双方が互いに対する憎しみの言葉を口にし、離婚することについては合意が成立したが、財産分与と子どもの親権者を両親のいずれにするかということで対立しており調停が長引いていた。そうこうするうちに調停委員も知らない間に、夫が妻と子ども達のマンションにやってきて同居を始めた。両親は相変わらず互いに悪口を言い合い離婚するのだといきまいているが、日々の生活においてはなれ合いで仲良くしているという奇妙な状態になった。両親が語るメッセージとメタ・メッセージは矛盾しており、中学生の子どもは多感な時期であるだけにダブル・バイ

ンド状況に陥った。そのうちに彼女に、学校等で突然意識を失いしかもその間に叫んだり走り回ったりし、気づいたあとは何も憶えていないという症状が発現するようになった。医者の診察は「解離性人格障害」ということで、両親の身勝手から生れたダブル・バインド状況に対して、子どもが自らの人格を解離させて適応しているという説明であった。この事件は離婚が成立し、父親は母親と子どもの住居から出て行き、中学生の長女は治療を続けるということで調停が成立した。家庭が子どもにとって親という権力者の理不尽にさらされ、そのために心理的混乱にも陥らされる場であることを痛感したケースであった。

離婚という家族システムの解体と子ども

　事例3では、離婚騒動のなかでの親が子どもに課するダブル・バインドによって心理的混乱に陥る子どもの姿を見た。
　一般的に親の離婚は、子どもにとって自らの与り知らぬところで進行する家族システムの不均衡と解体であり、にも関わらず同じ家族システムを構成しているメンバーとして深刻な影響をこうむる事象である。この深刻な影響につい K. カルターが詳述しているが、家族システム論の観点からこれを読み直して少し述べてみたい（Kalter. N., 1989）

　①親役割の子への委譲、親子の役割逆転
　両親が別居を開始した時、あるいは離婚の申立てを行った時点から始まる離婚初期においては、孤独感、いら立ち、うつ、不安等により両親はそれぞれ親としての能力を低下させる。すなわち忍耐と愛情を持って子どもに接し、子どもの気持ちを汲み取ることは不可能になる。その一方で、このような苦しみから逃れようと仕事、職業訓練、社会活動等にのめり込み、子どもと過ごす時間が削られる。子どもの面倒は親以外の人々がみるようになり、また上の子が下の子の面倒を見る。
　離婚初期が過ぎてから最長2年間に渡る時期である離婚中期では、離婚判決というかたちで決着がつき、養育費、親権、面会交流等についても取り決めが定まっている。しかし一方で両親の争い、敵意、憎しみが継続している。親は子どもに対して自己の立場を正当化し、子どもを味方につけようとする。それは「お父さんはあなたのことも考えず、またお酒でお金を使いはたしているの。離婚した

のもそのせいよ。お父さんみたいなだめな大人にならないでね」というふうである。また親は、精神的な支えや慰めを子どもに求める。さらに子どもに食事の支度、洗濯、弟妹の世話等家事一般を押しつけ、子どもを事実上の親としてしまう。このようにして「親業をこなす子ども」は、子ども時代ならではの自由を手放し、年齢の割に大人びてくる。また、自分に押しつけられた責任に対し、恨みがましい思いをずっと引きずって成長していく子どもも多い。

②システム解体後も継続する敵意の影響

両親の別居後2～3年して始まる離婚後期においても、両親間の敵意が継続する場合がある。これは一方の親もしくは両親が離婚を精神的に受容できないことに原因がある。

離婚を受容できない側は、元配偶者を口説き和解を求め続け、相手の関心を惹こうとして過度に飲酒したり、病気になったり、職を失ったりする。また、元配偶者への懲罰として、養育費や面会交流についての裁判所の決定を守らない、うるさく電話してくる、子どもを連れ去る、元配偶者が子どもを虐待したという、虚偽の告発を行ったりする。これらは既に配偶者暴力の範疇に入る行為である。

このような執拗に続く腐敗した敵意は、子どもに情緒障害や行為障害等を発現させることが多い。

③新しい家族システムへの移行における困難

両親の離婚後、子どもは一方の親と同居しているが、この親が再婚し新しい家族システムを形成するということになると、子どもは再婚相手への競争心、親の愛への漠然とした不安、いら立ち、怯え等を感じる。また両親の別離を決定的なものにする再婚相手に怒りを覚え、この再婚相手と親しくすることは別居している親を裏切っていると感じる。

またこの人物が、子どもをしつけようとしたり、家事を手伝わせようとすると、子どもは、法的根拠が無い権威が振りかざされていると考え、激しい怒りを感じる。

上記のように離婚という家族システムの解体、またシステムの不均衡がどんどんひどくなる破綻した婚姻生活の継続は、子どもに多大なストレスを与える。子

どもがストレスにうまく対処できるよう支援するため、親および支援者は子どもとの肯定的ポジティヴ・フィードバック、肯定的ネガティヴ・フィードバックを伴ったコミュニケーションを行うことが大切である。

第Ⅳ章　家族維持から家族介入へ：日本における児童虐待への対応を例にとって

　この章では、ファミリー・バイオレンスの中でも日本における児童虐待への対応を取り上げ、さまざまなデータによって〈家族維持〉を基本としながらも次第に〈家族介入〉的色彩を強くしつつあることを示し、アメリカにおける対応の変化と比較する。さらに、この家族介入的対応が、虐待の被害者であるこどもたちにとってどのような意味を持つのかを明らかにしていきたい。

Ⅳ-1　法的対応の変化

①児童虐待防止法（児童虐待の防止等に関する法律）平成12年11月施行

　この法律では、第4条で「国及び地方公共団体の責務等」が規定されているが、その責務の内容は、「児童虐待の早期発見」及び「児童虐待を受けた児童の迅速かつ適切な保護」、「児童虐待の防止」となっている。また、第6条において「児童虐待に係る通告」について、「児童虐待を受けた児童を発見した者」は速やかに通告しなければならないと定めているが、違反に対する罰則は無く、法的義務ではなく道徳的義務にとどまっている。これに対して、後で紹介するアメリカの「児童虐待防止・処遇法（The Child Abuse Prevention and Treatment Act 1974）」では、子どもに関わる専門職の人々が児童虐待に気づいた場合の通告義務およびその違反に対する罰則が規定されている。

　しかしまた、第10条においては、「児童の安全の確認」、「一時保護」、「立ち入り及び調査若しくは質問」等の職務の執行に関して必要があると認める場合、児童相談所は「警察官の援助を求めることができる」とされた。また第14条第2項において、「児童虐待に係る暴行罪、傷害罪、その他の犯罪について」、親権者であることは免責理由にならないとされた。これは児童虐待の「犯罪化（criminalization）」と言える。先に紹介した第10条また第14条第2項とともに、警察力の

援助を得た家族への介入的スタンスの表明と言える。しかし実態としては、家族介入的ではなかった。

虐待への対応の80％を占める在宅指導：家族維持的対応

日本における児童虐待への対応は、従来は「子は親のもとで養育されるべき」という理念のもと、緊急時あるいは事態が深刻で改善が見られない場合を除き、親子分離を行わず在宅指導が中心になってきた。在宅指導とは、子どもが在宅のまま親子関係の調整や家族のあり方を改善しようとするもので、家族システムを維持しながら福祉・治療的対応で問題解決をはかろうとする家族システム論の立場を採用するものと言える。全国の児童相談所における虐待相談への対応状況を見ると、平成16年度で全体の81.4％、17年度で81.3％、18年度で81.2％と各年度においてだいたい80％程度を在宅指導が占めていた。

親子分離による家族介入的対応

在宅指導は家族維持・福祉的対応であるが、これに対して児童相談所が行う家族介入的対応には次のような種類がある。それらは、①子どもの被害状況がひどい場合の緊急一時保護、在宅指導の効果が上がらない場合の②保護者の同意による子どもの児童福祉施設への入所または里親委託、③保護者の同意が得られない場合、家庭裁判所に対する児童福祉施設入所、里親委託承認の申立（児童福祉法第28条申立）、④家庭裁判所に対する親権喪失宣告請求（平成24年度から親権喪失に加え、親権停止、管理権喪失宣告の請求が可能となった）、である。図12は、平成25年度の児童虐待相談対応の内訳である。相談対応件数は7万3,802件で、このうち、子どもの被害状況がひどい等の理由で緊急一時保護したものが1万5,487件に上り全体の21.0％を占めている。その他もすべてが在宅指導というわけではなく、在宅指導を行ったが効果が上がらない等の理由で施設入所等となったものが4,465件で6.0％である。

親子分離して子どもを施設入所、里親委託させることに親が同意しない場合、児童福祉法第28条に基づいて家庭裁判所に承認の申立をするが表15のように、年々請求件数は増加している。また民法第834条には、「父または母が、親権を濫用し、または著しく不行跡である時は、家庭裁判所が子の親族または検察官の請求によって、その親権の喪失を宣告できる」と定めているが、平成24年4月1日

第Ⅳ章　家族維持から家族介入へ：日本における児童虐待への対応を例にとって　71

相談対応件数　73,802件	19年度	20年度	21年度	22年度	23年度	24年度
	40,639件	42,664件	44,211件	56,384件	59,919件	66,701件

一時保護　15,487（21.0%）	19年度	20年度	21年度	22年度	23年度	24年度
	10,562件(26.0%)	10,869件(25.5%)	10,682件(24.2%)	12,673件(22.5%)	13,251件(22.1%)	14,891件(22.3%)

施設入所等　4,465（6.0%）　＊	19年度	20年度	21年度	22年度	23年度	24年度
	4,258件(10.5%)	4,162件(9.8%)	4,031件(9.1%)	4,436件(7.9%)	4,499件(7.5%)	4,496件(6.7%)

内訳

児童養護施設	乳児院	里親委託等	その他施設
2,571人	715人	390人	789人

	19年度	20年度	21年度	22年度	23年度	24年度	19年度	20年度	21年度	22年度	23年度	24年度	19年度	20年度	21年度	22年度	23年度	24年度	19年度	20年度	21年度	22年度	23年度	24年度
	2,659人	2,563人	2,456人	2,580人	2,697人	2,597人	663人	679人	643人	728人	713人	747人	345人	282人	312人	389人	439人	429人	591人	638人	620人	739人	650人	723人

・平成25年度の児福法第28条措置　承認件数　277件

出所：厚生労働者雇用均等・児童家庭局総務課「子ども家庭福祉の動向と課題」（2015年）。

図12　平成25年度児童虐待相談対応の内訳

施行の改正民法では「親権停止」制度が創設された。親権喪失は期限を定めないが、親権停止では期間は最長２年間となった。また親権喪失、親権停止の理由として、親による親権の行使が著しく困難または不適当であるために、「子どもの利益を著しく害する時」ということが明確化された。表15からも、制度の利用が容易になったため平成24年度から請求件数が急増している。平成25年度中に申立された親権停止の事例をいくつかあげてみたい（厚生労働省、2015）。

　事例１：両親のネグレクトのため施設入所中の子どもが、腎機能が悪化し透析が必要になり、腎臓移植に向けて臓器移植ネットワークへの登録を行った。しかし保護者が、この臓器移植ネットワークへの登録抹消手続きの連絡をしたことが発覚したため、親権停止の申立が行われた。この申立は承認され、臓器移植ネットワークへの登録は継続した。

　事例２：離婚後実母が他の男性と同居するようになったが、この同居男性が女子児童に対して性的加害を行い、また他のきょうだいに対しても暴力暴言があるため子ども達は保護された。実母は当該男性との同居の継続を望み、同時に子ども達の引き取りを訴えた。しかし同居男性から加害の恐れが依然としてあり、子

表15 児童福祉法第28条(家裁の承認を得て行う施設入所措置)及び第33条の7(家裁に対して児童相談所が行う親権喪失等請求)の件数

		28条	33条の7
平成18年度	請求件数 承認件数	185 163（88%）	3 2
平成19年度	請求件数 承認件数	235 182（77%）	4 1
平成20年度	請求件数 承認件数	230 173（75%）	3 2
平成21年度	請求件数 承認件数	230 214（93%）	3 2
平成22年度	請求件数 承認件数	255 239（94%）	16 2
平成23年度	請求件数 承認件数	267 218（82%）	9 6
平成24年度	請求件数 承認件数	294 244（83%）	38 14
平成25年度	請求件数 承認件数	318 277（87%）	50 41

出所：厚生労働省雇用均等・児童家庭局総務課「子ども家庭福祉の動向と課題」2015年4月。

ども達への影響が懸念されるので、親権停止を申立てた。この申立は承認され、進路選択・就職等に関して児童主体の援助が可能となった。

②改正児童虐待防止法・児童福祉法（平成16年10月以降順次施行）

改正児童虐待防止法の第2条第3項においては、保護者以外の同居人による児童虐待と同様の行為を、保護者が放置した場合、保護者による「ネグレクト」と見なされるようになった。離婚率が上昇し、離婚後保護者が新たなパートナーと同棲関係を形成する等、日本における夫婦関係が不安定化する中で発生する事態への対応である。また第2条第4項では、子どもの目の前で配偶者暴力が行われた場合、それは「心理的虐待」に該当するとされた。本書第1章の「Ⅰ-3、ファミリー・バイオレンスの現状」でも述べたが、近年における「心理的虐待」の増加の要因として、子どもの目の前で配偶者暴力がある事案について警察からの

通告が増加したことがあり、それはこの第2条第4項に基づいている。

　第4条においては、国および地方自治体の責務が一層広汎なものとなり、虐待の発生予防、早期発見から虐待を受けた児童の自立支援に至るまでその責務が明確化された。第6条では、通告義務の対象が、「児童虐待を受けた児童」から「児童虐待を受けたと思われる児童」まで拡大した。事態の検討については専門機関に任せ、子どもの安全のためにまず通告を、というスタンスで、児童相談所への通告件数の増加に影響を与えたと思われる。また改正児童福祉法では、虐待を受けた児童等要保護児童に対する、地域社会を基盤とした支援のネットワークの運営等に関する規定の整備が行われた。

③改正児童虐待防止法（平成20年4月施行）

　子どもの安全確認・安全確保の強化の観点から、解錠等の強制力を伴う最終手段として「臨検・捜索」が取り入れられた。臨検・捜索は最終手段であるため、その前段階となるいくつかの手続きを踏まねばならない。虐待の通告があれば児童相談所は対象家庭を訪問するが、保護者が応じなければ児童相談所への出頭要求を知事権限により行う。しかしこの出頭要求に応じなければ、必要があれば警察官の援助を得て立入調査を行う。この立入調査を保護者が拒否した場合、再出頭要求を行うがこれにも応じなかった場合、裁判所の許可状を得、警察官の援助を得て臨検・捜索を行う。しかし、平成20年から24年の間に実際に臨検・捜索に至ったのはわずか7件に過ぎない。これは臨検・捜索に至る手続きがあまりにも煩瑣で、利用の障害になるためと考えられる。たとえば第1章の「Ⅰ-2、『ファミリー・バイオレンス』を定義する」で紹介したO市2児遺棄致死事件でも、近隣住人から3回通報を受け児童相談所は5回家庭訪問したが保護者は不在で、住民票からも当該の部屋の住人が特定できなかった。そのため臨検・捜索に至る手続きをすすめることができず（事件の2年前から臨検・捜索の制度は導入されていた）、3回目の通報以降、児童相談所は安否確認をしなかった。通報があったのは3～5月で子ども達が亡くなったのは、6月下旬から7月初めと推定されるので、臨検・捜索という手段がありながら児童相談所が適切に対応できなかったことが残念でならない。

④その後の法改正

　その後の法改正については概略を述べるにとどめたい。平成21年4月施行の改正児童福祉法では、乳児家庭全戸訪問事業、養育支援訪問事業等の子育て支援事業が法定化、努力義務化された。また要保護児童対策地域協議会の機能が強化された。

　平成24年4月施行の改正児童福祉法では、親権停止および管理権喪失の審判に対して児童相談所長が請求権を持つようになった。また里親委託中および一時保護中の児童に親権者等がいない場合、児童相談所長の親権代行が規定された。

　平成29年4月施行の改正児童福祉法、改正児童虐待防止法では、児童福祉法の理念の明確化がはかられ、母子健康包括支援センターの全国展開、市町村相談窓口および児童相談所の体制の強化がはかられた。

　以上のように法律の上では、日本における児童虐待への対応は、家族維持から家族介入へとその傾向を変化させてきているが、臨検・捜索の部分で見たように法の文言と執行の実態との間には、いまだギャップが存在している。

Ⅳ-2　アメリカにおける児童虐待への対応の変化：家族維持から家族介入へ

「児童虐待の発見」と初期の対応

　1961年、ハーバード大学医学部付属病院の小児科医 C.H. ケンプはアメリカ小児科学会で「殴打児童症候群（Battered Child Syndrome）」について報告、翌年、同名の論文を共著でアメリカ医学会雑誌に掲載し、児童虐待問題への社会的覚醒を促した（Kemp et al., 1962：17-24）。彼はまた自らの研究を政策と結びつけ、子どもに関する専門職からの児童虐待についての通告を容易化するシステムを提唱した。これを受けて児童虐待通告法が、1963年から1967年にかけて、アメリカの全ての州とコロンビア特別区において成立した。ケンプの論文発表の翌年から4年間と言う短期間であり、「20世紀になって最も迅速な立法化の拡大」と言われた（Nelson, 1984）。その後1974年に児童虐待に関する最初の連邦法である「児童虐待防止・処遇法（The Child Abuse Prevention and Treatment Act）」が成立した。この連邦法に基づいて「児童虐待およびネグレクト全国センター（the

National Center on Child Abuse and Neglect [NCCAN]）が、アメリカ保健福祉省（U. S. Department of Health and Human Services）に設置された。このNCCANは、児童虐待とネグレクトに関するあらゆる情報を提供しており、その内容は単に統計的なものばかりでなく、子どもと家族の安全とウェル・ビーイングに関するプログラムや研究成果、法制度等に関するものである。このような調査・研究の拡大と蓄積のなかで、先に紹介した「リスク要因論」のような単一要因による虐待とネグレクトの分析と説明は有効でないという認識が共有されるようになり、これも先に紹介した複数要因とその相互作用に注目する「入れ子型エコロジカル理論」が脚光を浴びることとなった。

　NCCANは1980年代に児童虐待に関する全国調査を行い、児童虐待の実態と介入がどのように行われているかの把握を行った（U. S. Department of Health and Human Services, 1981, 1988）。またこの連邦法に基づいて、各州の児童福祉部門に虐待調査報告の結果を集約する部門を設置した。

1980年代

　1980年代は、児童虐待についての一般の意識が高まった時期であり、その隠された原因と結果に関する調査・研究がさかんに行われ、また虐待発生防止のためさまざまな事業が展開され、拡大した（Daro, 2009：12）。

　1980年に制定された連邦法「養子縁組援助および児童福祉法（Adoption Assistance and Child Welfare Act)」は、それ以前の児童虐待への対応における福祉機関の過剰介入と親子分離至上主義を批判し、「親子不分離・家族維持」という理念を掲げた。家族維持の努力によって何の警告も無く親子分離が行われることを極力抑え、また親子分離した後も適切な期間をおいて再統合をはかる、というものであった（井上、2005：141, 147）

　身体的虐待やネグレクトは、保護者における知識や資源、また感情的ゆとりの欠如から生じるという研究結果に基づき、ペアレンティング教育、両親支援グループの活動、家族資源センターにおけるカウンセリングやケース・マネジメント、電話相談、緊急時の一時保護施設の開設等が行われた。また性的虐待に対しては、被害者予備軍となる子ども達への教育が中心となった。教育内容としては、かれらの身体に誰かが触れることに関して、何が良く、何が悪くまた疑わしいかを教える、また彼らの身体は彼ら自身のもの（ownership）であることを教える、

また彼の身体に誰が触れて良いか、どこで触れて良いか、自分でコントロールすることを教える等、であった（Wurtele & Miller-Perrin, 1992）。

この時期には、公的サービスのみならず、企業、市民グループ、民間団体等による過剰なまでの虐待防止プログラムが実施された。たとえば、全米バスケットボール協会、マスター・カード、またフレディ・マック・アンド・ターゲット社等である。しかしこれらの多くの虐待防止プログラムの実態把握およびその成果に対するアセスメントは行われず、サービスを提供すれば良しとされ、質や効果については充分な関心が払われなかった。

家族維持から家族介入へ

1980年代、90年代を通じて連邦法が目指すところは、親子分離をして子どもを家庭外で処遇することを防ぎ、家族の再統合を促し、あるいは子どもにとって永続的な家族を見つけることであった。1993年には「家族維持支援サービス法（Family Preservation and Support Services Act）」が制定され、各州の家族維持プログラムを援助するため5年間にわたって10億ドルの予算がつけられた。（井上、2005：152-155）

しかし一方では、80年代のアメリカではクラックやコカイン等の薬物依存が社会問題化し、薬物依存の親による児童虐待が頻発した。親が薬物依存である家族も維持し、支援すべきなのか、家族維持よりも子どもの安全を優先すべきではないか、法改正の方針は動揺することになった。そして、児童虐待に対する治療的・福祉的対応よりも刑罰的対応が、とりわけ貧困家庭を対象とした場合に多くみられるようになった（Daro, 2009：15）。1997年の「養子安全家族法」では、親子不分離・家族維持の方針が弱まり、子どもの安全と養子縁組が強調されるようになった。

Ⅳ-3　家族介入的方法としての子の施設入所とその問題点：平成20年調査に基づいて

Ⅳ-2、においては、日本における児童虐待への対応の傾向が、次第に「家族維持」から「家族介入」へと変化しつつあるのを見てきた。家族維持的方法である在宅指導の効果が上がらず、いったん親子分離を行って時間をかけた対応が必

要となる場合は、児童福祉施設に入所させる、あるいは里親委託する等の措置がとられる（児童福祉法第27条第1項3号）。その場合原則的には親権者の同意が必要であるが（児童福祉法第27条第4項）、都道府県知事またはその委任を受けた児童相談所長が家庭裁判所に申立て承認を得て措置を行うことができる（28条申立）。しかし施設入所、里親委託を行っても、親が同意を翻して子どもの引き取りを要求した場合は、施設側はこれを拒否できない。なぜならば施設入所措置の根拠は親の同意であり、親が同意を翻すことによってこの措置は根拠を失うからである。しかし改善の見られない親が待つ家庭に子どもを戻すことは危険を伴うので、対応策としては、親権者が同意を翻した時点で28条申立を行い、家庭裁判所に承認されるまでは一時保護するという措置がとられている。

①施設入所の内訳

平成25年度の全国の児童相談所における児童虐待相談対応件数は7万3,802件であったが、そのうち施設入所等となったのは、4,465件で全体の6.0％であった。施設入所等の内訳は、児童養護施設が2,571人（57.6％）、乳児院が715人（16.0％）、里親委託が390人（8.7％）、その他の施設（児童自立支援施設、情緒障害児短期治療施設等）が789人（17.7％）で、児童養護施設入所が全体のほぼ6割を占め、里親委託が多い欧米との違いが明確である（図12）。

児童養護施設は、児童福祉法41条に定められた児童福祉施設の一つである。災害や事故等による親の死亡や行方不明、親の離婚や病気、不適切な養育を受けている等の理由で家族による養育が困難な2歳からおおむね18歳までの子ども達が入所している。施設で共同生活を送り、施設から学校へ通っている。

厚生労働省による「児童養護施設等入所児童調査」によると（厚生労働省、平成25年）、児童の入所理由のうち一般的に虐待とされる「放任・怠惰」、「虐待・酷使」、「棄児」、「養育拒否」で入所した子は、児童養護施設入所児の37.9％、里親委託児の37.4％、情緒障害児短期治療施設入所児の50.0％、児童自立支援施設入所児の41.7％、乳児院入所児の27.1％等となっている。また入所理由が虐待でない場合でもそれまでのいずれかの時点で虐待を経験している場合もあり、被虐待経験の有無について調べたところ、「被虐待経験あり」は児童養護施設入所児で59.5％、里親委託児で31.1％、情緒障害児短期治療施設入所児で71.2％、児童

自立支援施設入所児で58.5%、乳児院で35.5%等となっている。このようにさまざまな児童福祉施設に入所している子ども達の中での被虐待経験率の高さに驚くとともに、児童虐待のとどまることを知らない増加のなかで、「家族介入的方法」の必要性も高まっていくことと考えざるを得ない。

②施設入所とアタッチメント障害

　児童福祉施設入所児童における被虐待経験率の高さは、新たな問題を生じさせる。それは被虐待児における「アタッチメント障害」を児童福祉施設はどう扱うのかという問題である。虐待がもたらす子どもへの心理的影響について、従来は「トラウマ性障害」という観点から理解されることが多かったが、近年「アタッチメント障害」という観点からの研究が多くなっている。

　アタッチメント理論の提唱者であるJ.ボウルビーによれば「アタッチメント」とは、「危機的な状況に際して、あるいは潜在的は危機に備えて、特定の対象との近接を求め、またこれを維持しようとする個体（人間やその他の動物）の傾性」であり、「この近接関係の確立・維持を通して、自らが〈安全であるという感覚（felt security）〉を確保しようとするところに多くの生物個体の本性がある」とされている（遠藤、2005：1／Bowlby, 1969）。アタッチメントはややもすると、単なる「愛情」や「情緒的絆」というように理解されがちであるが、「ネガティブな情動に特異的に結びついた適応システム」（遠藤、2005：2）であることを看過すべきではない。S.ゴールドバーグが言うように「恐れや不安が発動されている状態において、自分が誰かから一貫して『保護してもらえるということに対する信頼感（confidence in protection）』こそがアタッチメントの本質的要件であり、それが人間の健常な心身発達を支える核になるのだ」（遠藤、2005：2-3／Goldberg, 2000）。

　親あるいは保護者から虐待を受けている子どもは、危険や苦痛を感じる。それは子どもにとって危機的状況であり、本来ならばアタッチメント対象である親・保護者から安心感を得ようとするはずであるが、この場合は親・保護者というアタッチメント対象自身が同時に加害者であるので、子どものアタッチメント形成は深刻な打撃を受け「アタッチメント障害」が発生する（青木、2008：288）。精神科の診断基準であるDSM-Ⅳ-TRでは「反応性愛着障害（Reactive Attachment Disorder RAD)」について2つのタイプを示している。一つは「抑制型」で「対人的相互作用のほとんどで、発達的に適切な形で開始したり反応したりできないことが持続しており、それは過度に抑制された、非常に警戒した、また非常に両価的で矛盾した反応という形で明らかになる（例：子どもは世話人に対して接近、回避、および気楽にさせることへの抵抗の混合で反応する、または固く緊張した警戒を示すかもしれない）」（医学書院、2002：70-71）と説明されている。もう一つは「脱抑制型」で「拡散した愛着で、それは適切に選択的な愛着を示す能力の著しい欠如を伴う無分別な社交性というかたちで明らかになる（例：あまりよく知らない人に対しての過度のなれなれしさ、または愛着の対象人物選びにおける選択力の欠如）」と説明される（医学書院、2002：71）。このように「抑制型」では情緒が制限されており、社交的な喜びや探究がほとんど無い。一方「脱抑制型」では、知らない人に対してもためらいなく近づいたり抱きついたりし、浅く不安定な情緒が観察される。

　このような反応性愛着障害は、就学期には注意欠陥多動性障害へと移行し、思春期前期の行為障害を経て、成人期以降の反社会性人格障害へと移行するという観察もある（西澤、2008：297）。

　アタッチメントの修正や再形成は、虐待を受けた子ども達が抱える大きな課題であるが、その取組において日本は欧米に後れをとっている。その背景要因として日本における児童虐待への対応において親子分離後、大半は施設入所という集団養育のかたちをとり、里親委託のケースは極めて少ないことが挙げられるだろう。アメリカでは2002年度において、虐待を受けた子ども達の18.9％が親子分離の措置を受けており、里親委託になった子ども達の割合も18.9％であったことから、施設入所は無く全てのケースが里親委託と考えられる（Department of Health and Human Services, 2003：68, 70）。イギリスでも少し古い数字であるが、1993年度に虐待のため児童保護登録された子どもの50％が里親委託、30％が在宅指導、以下施設入所、全寮制学校入学となっていて施設入所のケースは少ない（滝井、1999：8）。

③児童養護施設における改善の試み

　被虐待児のみならず、児童養護施設入所児童の多くが家族において特定の対象

とのアタッチメント形成が十分ではなかった経験を持つため、児童養護施設では集団的養育を基本としながらも、養育機能の個別化、小規模化の試みを現実化してきた（全国児童養護施設協議会、2007）。

心理療法を行う職員の配置

平成13年3月に厚生労働省は「児童養護施設及び乳児院における被虐待児等に対する適切な処遇体制の確保」を定める通達を出し、児童養護施設及び乳児院に心理療法を行う職員を配置することを定めた。虐待等による心的外傷を持つ子ども達に対して、彼らはカウンセリングや遊戯療法を行い、心的外傷の治療と自立を目指す。その活動の実態については、後で紹介する平成20年に実施された筆者による調査結果の分析においてみていくことにしたい。

小規模化

平成12年度に「地域小規模児童養護施設」が創設されたが、これは施設分園型グループ・ホームである。施設から独立した地域社会の一般住宅において、6人の子どもが2人の専任職員（児童指導員または保育士）とともに生活する。対象となるのは長期にわたって家庭復帰が困難な子ども達である。グループ・ホームにはこの他に、里親型ホームである「ファミリー・ホーム」があり、これは里親が地域社会の一般住宅で子どもたちの養育を行う養護形態で、1ホームあたりの子ども数はやはり6人程度である。ファミリー・ホーム指定基準としては、養育家庭としての登録年数及び受託形態や、有資格者による実務経験等の要件を満たしていること、4室24畳の住居に住んでいること等である。

また平成16年度から小規模グループ・ケア制度が発足したが、これは深刻な虐待の被害を受けた子どもを対象とし、児童養護施設内において小規模グループ体制を整備し、個別ケアを行う。その実態については、後で紹介する著者の平成20年の調査結果の分析において見ていくことにしたい。

ファミリー・ソーシャル・ワーク

平成16年度に厚生労働省は、家庭支援専門相談員（ファミリー・ソーシャル・ワーカー）を、児童養護施設、児童自立支援施設、情緒障害児短期治療施設等に配置した。ファミリー・ソーシャル・ワークとは、施設入所している子ども達の

早期退所に向け、個人または家族が抱える問題に対して、家族メンバー全体を対象として働きかけ、家族を取り巻く社会的資源を活用しながら、問題解決に向けて支援・援助を行う専門的活動である。

また平成9年度の児童福祉法改正によって、新たな児童福祉施設としての「児童家庭支援センター」が創設されることになった。この「児童家庭支援センター」は、従来から存在する児童養護施設、乳児院、母子生活支援施設、児童自立支援施設、情緒障害児短期治療施設に、児童相談所からの指導委託を受けて付置されるものである。この「児童家庭支援センター」は、地域社会における子ども家庭支援システムの中核として、ファミリー・ソーシャル・ワークの実践を展開していくことが求められている。

④「虐待を受けた子どもと児童養護施設についての調査」の結果分析

「虐待を受けた子どもと児童養護施設についての調査」は筆者により平成20年2月から3月にかけて実施された。この調査は、平成18～19年度科学研究費補助金（基盤研究（C）「子ども虐待への対応における家族介入的方法の有効性と問題点　課題番号18530417」）によるものである。

虐待を受けた子ども達においてはアタッチメント障害等の問題が存在することが多く、親子分離した後の施設入所が適切な措置であるのかどうかが議論されている。そのような議論を踏まえ、実際に児童養護施設において、被虐待児とその家族にどのようなケアと支援とがなされているかを把握するというのがこの調査の目的である。調査対象となったのは、全国の児童養護施設のうちから系統抽出法で抽出された100施設で、彼らに対し質問紙を送付し33施設から回答を得た（回収率33%）。質問項目は次のとおりである。

1）入所児童数およびその年齢別構成
2）養護問題発生理由別児童数
3）入所児童のうち被虐待経験を持つ子どもの抱える問題について（自由記述）
4）心理療法を行う職員の活動内容について（自由記述）
5）小規模グループ・ケアの活動内容について（自由記述）
6）入所児の家族とその交流について形態別の人数
7）「家庭支援専門相談員（ファミリー・ソーシャル・ワーカー）」の活動内容

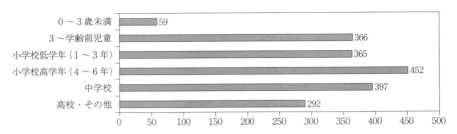

出所:井上眞理子『子ども虐待への対応における家族介入的方法の有効性と問題点:平成18年度〜平成19年度科学研究費補助金(基盤研究(C))研究成果報告書、2009。

図13　入所児童数・年齢別構成(人)〈平成20年2月現在〉

について(自由記述)

ここからは質問項目ごとにさらに詳しく見ていきたい。

1)入所児童数およびその年齢別構成

図13に示されるように、入所児童数およびその年齢別構成は、「0〜3歳未満」が59人(3.1%)、「3〜学齢前児童」が366人(19.0%)、「小学校低学年(1〜3年)」が365人(18.9%)、「小学校高学年(4〜6年)」452人(23.4%)、「中学校」が397人(20.6%)、「高校その他」が292人(15.1%)となっている。平成15年2月に厚生労働省が実施した「児童養護施設入所児童等調査」の「就学状況別児童数」では、養護施設入所児童3万416人(厚生労働省調査時)のうち、就学前が23.2%、小学校低学年(1〜3年)が20.4%、小学校高学年(4〜6年)20.8%、「中学校」が22.5%、「高校その他」が14.1%であった。これと比較すると、この調査においては「小学校高学年」の児童の割合が増加していることが注目される。この点については、近年、被虐待児において「小学生」の占める割合が増加していることと符合する。

2)養護問題発生理由別児童数

養護問題発生理由別児童数は図14のとおりである。「父あるいは母の死亡」が52人(2.6%)、「父あるいは母の行方不明」が147人(7.4%)、「父母の離婚」が112人(5.7%)、「父母の不和」が13人(0.7%)、「父あるいは母の拘禁」が98人(5.0%)、「父あるいは母の入院」が141人(7.1%)、「父あるいは母の就労」が

第Ⅳ章　家族維持から家族介入へ：日本における児童虐待への対応を例にとって　83

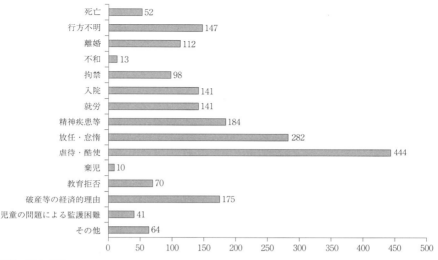

出所：図13に同じ。

図14　養護問題発生理由別児童数（人）※複数回答可

141人（7.1％）、「父あるいは母の精神疾患等」が184人（9.3％）、「父あるいは母の放任・怠惰」が282人（14.3％）、「父あるいは母の虐待酷使」が444人（22.5％）、「棄児」が10人（0.5％）、「養育拒否」が70人（3.5％）、「破産等の経済的理由」が175人（8.7％）、「児童の問題による監護困難」が41人（2.1％）、その他（継母との不和、里親からの虐待、きょうだいの暴力、措置変更等）が64人（3.2％）となっている（複数の理由を挙げている場合があるため、合計人数は入所児童数より若干多くなっている）。

　これらのうち広義の「虐待」に該当する「父あるいは母の放任・怠惰」、「父あるいは母の虐待・酷使」、「棄児」、「養育拒否」を合計すると806人で全体の40.8％に達する。先に紹介した平成15年度の厚生労働省による「児童養護施設入所児童等調査」では、「父あるいは母の放任・怠惰」が11.7％（厚生労働省前回調査では8.6％）、「父あるいは母の虐待・酷使」が11.1％（前回5.7％）、であり、「放任・怠惰」、「虐待・酷使」、「棄児」、「養育拒否」を含めた広義の「虐待」について見ると27.4％（前回19.2％）である。筆者による調査における広義の「虐待」の40.8％と比較すると、近年になるほど狭義・広義ともに「虐待」を理由として児童養護施設に入所する児童が、急ピッチで増加してきている。また近年の

中小企業を中心とした経済不況を受けて「破産等の経済的理由」による入所児童が多いことも注目される。

3）被虐待経験を持つ子どもが抱える問題

2）において、狭義、広義ともに「虐待」を理由として児童養護施設に入所する児童の割合が、近年急増してきていることを見た。ここでは、これらの子ども達が抱える問題を、自由記述による回答をまとめる形で見ていきたい。

アタッチメント障害

まず第一にこの節の主要なテーマでもある「アタッチメント（愛着）障害」を挙げた回答が多かった（「愛着障害」、「愛着関係の欠如」、「愛着形成困難」、「反応性愛着障害」等、9件、27.3％）。「アタッチメント障害」のうち、世話する人への接近を避け、緊張した警戒を示し、情緒が制限されている「抑制型」の行動特性を明記したもの（「信頼関係が作れない」、「感情表出が苦手」、「適切な人間関係が結べない」、「他者との関わりがうまく取れない等」）が5件（15.2％）であった。またあまりよく知らない人に対する過度のなれなれしさ、愛着の対象となる人物選びにおける選択力の欠如等がみられる「脱抑制型」の行動特性を明らかにしたもの（「極端ななれなれしさ」、「人なつっこ過ぎる等」）が3件（9.1％）であった。

攻撃性、暴力

次に注目されるのは「攻撃性、暴力」を挙げた回答の多さで、16件（48.5％）であった。具体的な記述としては、「攻撃性」、「暴力・暴言（他の児童や大人に対して）」、「他者に対する支配的・暴力的行為」、「児童または職員のトラブル、喜怒哀楽に反応しやすく、時には攻撃的に関わる」、「自分より弱いと思われる児童へのいじめ行為」、「年下や弱いものに対して攻撃的で乱暴な言動」、「暴力性が高い」、「欲求が表現できず暴力的な表現をしてしまう」等が見られた。

自己観念をめぐる葛藤

自己観念をめぐる葛藤もさまざまなかたちで報告されており、具体的には「自尊感情・自己肯定感が低い」が6件（18.2％）、「自己防衛」が6件（18.2％、「自

己防衛機能が顕著」、「他者からの助言を聞き入れることができない」、「その場しのぎのウソをよくつく」、「虚言」、「自己防衛心が強い〈虚偽、拒絶〉等」、「自傷行為」が4件（12.1%）等であった。

その他

その他に「基礎学力、基本的生活習慣の欠如」が10件（30.3%）、「発達障害、知的障害」が6件（18.2%）「PTSDによる恐怖感と強迫的症状」が1件（3.0%）、「チック症状」が1件（3.0%）、「良い子を演じる」が1件（3.0%）となっている。

このように被虐待経験を持つ子どもの抱える問題のうちでも、特に「攻撃性、暴力」は突出しているが、「アタッチメント障害」と「攻撃性、暴力」はどのように関連しているのだろうか。

4）アタッチメント障害と攻撃性、暴力

前述のように被虐待経験を持つ子どもが抱える問題のうちでも、特に「攻撃性、暴力」は突出しているが、「アタッチメント障害」と「攻撃性、暴力」はどのように関連しているのであろうか。

青木豊によると、被虐待乳幼児のアタッチメント形成は、深刻な打撃を受けて「非安全型」特に「D（disorganized）型」が形成され、この「D型」の乳幼児は学童前期から成人期にかけての心理社会的発達が悪く、攻撃性を示したり、精神病理が発生するとされた（青木、2008：288）。「非安全型」、「D型」とは、発達心理学者 M. D. S. エインズワースらの考案したSSP（Strange Situation Procedure）と言う手法を用いて把握されたアタッチメントの類型である（Ainsworth et al., 1978）。アタッチメントは、「安全型」と「非安全型」とに分類され、「非安全型」はさらに「回避型」、「抵抗型」、「D型」に分類される。「D型」の子どもの養育者については、抑うつ傾向が強かったり、精神的に極度に不安定であったり、虐待や不適切な養育を行っていることが多いと報告されている。非虐待児の80％が「D型」によって占められているという研究もある（Carlson et al., 1989）。「D型」の子どもの行動特性については、次のように説明されている。「…何か危険が生じた時に本来逃げ込むべき安全地帯であるはずの養育者自身が、子どもに危機や恐怖を与える張本人であるような状況において、子どもは養育者に近づくこともまた養育者から遠のくこともできず、さらに自らのネガティブな情動を制

御する有効な対処方略を学習することもできず、呆然とうつろにその場をやり過ごすしかないということになってしまうのだろう。こうした行動パターンは、近接関係の確立・維持および安全・安心感の確保というゴールに適わないという意味で、まさに組織化されていない（disorganized）アタッチメントと言い得るのかもしれない」（遠藤、2005：57）。

　以上を踏まえた上で、児童養護施設における被虐待児に対するケアは、どのような点に留意すべきなのだろうか。施設職員は子どものアタッチメントの対象者になり得るのだろうか？この問題について、C.ハウズは、以下の3条件を満たしておれば、アタッチメント対象者になり得るとしている（Howes, 1999）。3条件とは、a 子どもの身体的・情緒的ケアを行っていること、b 子どもの生活の中において、その存在が持続性と一貫性を持っていること、c 子どもに対して情緒的な投資をしていること、である（Howes, 1999）。

　以降では、この問題への各児童養護施設における取組の具体相について見ていくことにしたい。

5）心理療法を行う職員の活動内容

　平成13年の通達により、虐待等による心的外傷の心理療法のための職員の配置が定められた。回答を寄せて戴いた33の児童養護施設のうち心理職員を配置している施設が27、非配置が6であった。なお心理職員を配置している場合も、5施設においては非常勤職員をこれにあてていた。

　心理職員の活動内容については、主要な活動として挙げられていたのは以下のようなものである。

① プレイセラピー、箱庭療法等の心理療法。
② ソーシャルスキル・トレーニング
③ 心理判定
④ カウンセリング（年長児、職員、保護者対象）
⑤ 職員への助言・指導
⑥ ケース会議への参加

　児童養護施設への入所児童に占める被虐待児の割合の増加を背景として、心理職員配置の重要性は増大しているが、心理療法の方法についての疑問を記した回

答もあり「現状の心理療法士の能力では即戦力にはならない。また人材確保のための財源は十分ではない。当施設では、小児を主とした精神神経科の専門医師により治療を続け、7年を迎え効果をあげている。」と書かれていた。被虐待児の心理療法については、トラウマ概念をベースにした方法への疑問もある。森田喜治は、PTPT（心的外傷後遊戯療法）等の心理療法における自己のトラウマチックな体験への積極的な直面は、かえって子どもたちにおける心の世界の傷を深める危険性を持っている、と指摘する（森田、2006：189）。しかし、「ケア的、受容的対象であるセラピストが子どもの表現したものを受け入れ、子どものストレスを軽減するように配慮する」（森田前掲書：190）ことで、子どもが信頼・安心できる環境が成立すると、子どもはトラウマチックな体験に直面できるとされる。また、児童養護施設に入所している子どもは、いわば当初から「被虐待児」というレッテルが貼られていて、いずれ暴力・暴言として行動化するという予測（森田の言葉では「偏見」）が職員にはあり、職員は知らず知らずのうちに子どもに気を使うようになる。すると子どもは敏感にこの「偏見」を感じ取り、偏見に応じた行動を始める。子どもがその行動のゆえに否定的な見方をされ、この否定的な見方がまた子どもの行動を誘発するという悪循環の中では、子どもは心の世界を簡単には表現しないと森田は指摘している（森田前掲書：213）。アタッチメントの修復や再形成に向けた取組みが注目されているのは、このようなトラウマ概念をベースにした心理療法における困難を背景としている。

6）小規模グループ・ケアの活動内容

平成16年4月から「小規模グループ・ケア実施要綱」が定められ実施されている。この小規模グループ・ケアについては、「活動あり」という回答が18、「活動なし」という回答が15であった。この「活動あり」のうち、「小舎制」が5、「小規模グループ・ホーム」が5、残りは活動内容に関するもので形態は不明であった。

小舎制の採用は、1950（昭和25）年頃から始まった施設養護に関する「ホスピタリズム論争」の中から生じたもので、児童養護施設における「家庭的処遇」をめざすものであった。小舎制では、同一敷地内の独立家屋で子どもたちが分散して担当の数人の職員とともに生活する。

2000（平成12）年に「地域小規模児童養護施設」すなわち「施設分園型グルー

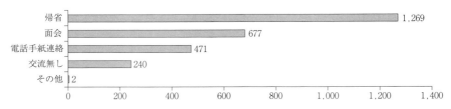

出所：図13に同じ。

図15　入所児の家族との交流（人）※複数回答可

プ・ホーム」の制度が創設された。これは地域社会の一般住宅に、6人の子どもが2人の専任職員（児童指導員または保育士）の支援を受けて生活するものである。先の部分で児童養護施設の職員が子どものアタッチメント対象になり得る三つの条件として、①身体的・情緒的ケアをしていること、②その存在が子どもの生活の中で持続性・一貫性があること、③子どもに対して情緒的な投資をしていること、があげられた。小舎制、施設分園型グループ・ホームはいずれもこの3条件を満たすと言えるが、「施設分園型グループ・ホーム」においては一層、条件適合性は高まる。回答施設のうち飯山学園（長野県）、日本児童育成園（岐阜県）、すみれ寮（岐阜県）、レバノンホーム（大阪府）、愛の聖母園（鹿児島県）が「施設分園型グループ・ホーム」を採用している。

7）入所児の家族との交流（形態別）

入所児の家族との交流については、図15に示されるように、「交流あり、帰省」がもっとも多く1,269人（47.7％）、以下「交流あり、面会」が677人（25.5％）、「交流あり、電話手紙連絡」が471人（17.7％）となっているが、その一方で「交流なし」も240人（9.0％）にのぼっている（複数回答があるので、総人数が実際より多くなっている）このようなケースの存在を踏まえ、子どものみを対象とするのではなく、家族そのものリハビリ、家族関係の調整と再統合の努力が必要であり、その観点から最後に「家族支援専門相談員（ファミリーソーシャルワーカー）」の活動内容について見ていきたい。

8）家族支援専門相談員（ファミリー・ソーシャル・ワーカー）の活動内容

平成16年4月から厚生労働省は、施設入所児童の家族調整等を行う「家族支

専門相談員（ファミリー・ソーシャル・ワーカー）」の配置を実施した。この家族支援専門相談員の活動内容を、回答に基き以下のように分類した（複数回答のため総計は実際の施設数より多くなっている）。

（ア）家族との調整（30）
（イ）児童相談所等関係機関との連絡調整（16）
（ウ）退所後のアフターケア（7）
（エ）里親等の依頼（5）
（オ）地域社会の子育て相談・ショートステイ受け入れ（3）
（カ）要保護児童地域対策協議会への参加（3）
（キ）職員への助言（3）
（ク）リービングケア（1）
（ケ）なし・できていない（2）

　家族との調整や児童相談所等関係機関との連絡調整という回答が多かったのは当然であろう。塩田規子はその困難さについて次のように述べている「親への支援のための社会資源が極端に少ないことや虐待親であることを自覚していないことで、単純に親元に再統合というケースはなかなか多くはみられない。十分なアセスメント（中略）を行い、ライフヒストリーやエコマップ、自立支援計画書を作成して、どのようなかたちで家族を統合したらよいのかを慎重に検討しなければならない」（塩田、2005：148）。筆者が提出した「ストレッサーへの２段階適応モデル」も、家族再統合に際しての問題点を整理する手段として利用可能であろうと考えている（井上、2005：92-94）。
　また回答からは、「児童家庭支援センター」として位置づけられ、地域社会における子育て・家族支援の中核としての児童養護施設の性格が、あまり前面に出ていないという印象を受ける。「要保護児童対策地域協議会への参加」が３、「子育て相談・ショートステイの　受け入れ」が３、というのは少なすぎるのではないか。筆者が以前に行った要保護児童対策地域協議会への参加機関についての調査結果でも、児童福祉施設の参加が少なく、疑問を抱いた（井上、2007：27）。子ども虐待問題は個人、家族のみの問題ではなく、まさしく全体社会、地域社会の問題であり、その観点からも児童養護施設は、もっと地域社会との結合を強めていくべきであると考える。それ以上に、地域社会は、児童養護施設を自らにと

って重要なものとして位置づけ、その機能をもっと活用すべきであろう。児童養護施設と地域社会との結合の強化により、施設入所児童のリービング・ケア、アフター・ケアの問題も広く地域社会の課題とすべきではないだろうか。

　筆者の調査のテーマであった「家族介入的方法としての子どもの施設入所とその問題点」について、被虐待経験を持つ子どもは児童養護施設入所児の59.5％と高い割合を占め（平成25年）、これらの子ども達が抱える問題点として「アタッチメント障害」を挙げる回答が多かった。この問題を解決するために、児童養護施設が行っている「施設分園型グループ・ホーム」や「小規模グループ・ケア」等の小規模化等の改善策についても見てきた。

　この問題について、平成28年6月3日施行の改正児童福祉法の第3条の2で「…児童を家庭において養育することが困難であり又は適当でない場合にあっては児童が家庭における養育環境と同様の養育環境において継続的に養育されるよう、児童を家庭及び当該養育環境において養育することが適当でない場合にあっては児童ができる限り良好な家庭環境において養育されるよう、必要な措置を講じなければならない。※『家庭』とは実父母や親族等を養育者とする環境を、『家庭における養育環境と同様の養育環境』とは養子縁組による家庭、里親家庭、ファミリーホーム（小規模住居型養育事業）を、「良好な家庭環境」とは施設のうち小規模で家庭に近い環境（小規模グループケアやグループホーム等）を指す」と規定された。

　平成29年7月31日、厚生労働省はさらに踏み込んで、児童虐待等により子どもが親許で暮らせない場合、就学前の子どもの75％以上、就学後の子どもの50％以上を里親に委託するという新しい目標を公表した。現在は、ファミリー・ホームを含め里親委託は20％に届かず、大半が児童養護施設等に入所している。しかし3）で見たように被虐待経験のある子は「アタッチメント」障害等の問題を抱えていることが多く、集団的養育より個別の家庭での養育の方が適切であるので、里親委託を進めることが目標化された。厚生労働省は、3歳未満はおおむね5年以内、3歳～就学前はおおむね7年以内に里親とファミリー・ホームへの委託率75％を達成するとしている。そのため各都道府県で、里親の募集、研修、支援を一貫して担う体制を整備し、里親支援の強化をめざすことになり、今後の経過が注目される（平成29年7月31日付朝日新聞）。

第Ⅴ章　地域社会を基盤とした児童虐待への取組

　児童虐待の防止と対応・支援について考える時、家族へのカウンセリングやトラウマ治療、精神療法、ファミリーグループ・カンファレンス等は、先に紹介した「入れ子型エコロジカル理論」における「個体発生的要因（ontogeny）」、「マイクロシステム（microsystem）：家族内相互作用」に関する方法である。これらが必須であるのは論をまたないが、一方、地域子育て支援事業や市町村等における要保護児童対策地域協議会の活動等は「外システム（exosystem）」に関する方法で、地域社会を基盤とするものである。筆者は社会学者としての立場から、地域社会を基盤とする児童虐待への取組について、まずアメリカにおける議論を紹介し、次に筆者が実施した二つの調査に基づいて分析・検討していきたい。

Ⅴ-1　地域社会を基盤とする虐待への取組についての二つの議論：アメリカの場合

①「子どもたちのための強いコミュニティ」（Strong Communities for Children）

　1974年に成立した「児童虐待防止・処遇法（The Child Abuse Prevention and Treatment Act）」による状況の改善をアセスメントし、議会と保健・福祉大臣に報告するため、「児童虐待・ネグレクトに関する国家勧告委員会（U. S. Advisory Board on Child Abuse and Neglect）」が設置された。1990年の委員会報告では、アメリカにおける児童保護システムの問題性は、通告された虐待に対して基本的に「懲罰的（punitive）」な対応をとり、訴追も含めた措置のための調査に膨大な資源・予算を費やしていることである、としている（U. S. Advisory Board on Child Abuse and Neglect, 1990：80、以下USABCANと略す）。このような対応の前提となるのは、「児童虐待とは、少数の逸脱した親の異常な行為」

という認識であった。しかし虐待の件数は急激に増加し、あまつさえ通告されないケースの存在により官庁統計の数字は現実を過小評価している、とまで言われている。これらの膨大な虐待のケースに「懲罰的」に対処することは膨大な予算・資源を必要とすることになる。さらに虐待のほとんどのケース、公的な児童保護システムが取り扱っているケースにおいてさえ、虐待親は「邪悪」ではなく、「病的」でもないとされる。「そうではなくて、多くのケースにおいて見られるのは、貧しい社会・経済的資源とその他の深刻な問題に打ちひしがれて、親たちは不適切な養育を子に対して行っているのである」(U. S. Advisory Board on Child Abuse and Neglect, 1993)。邪悪ではなく病的でもない親達による児童虐待に対して、懲罰的なすなわち狭いアプローチを採るアメリカの児童保護システムの設計は、誤りであり有効でもないと委員会は結論づけている。

近隣に基盤を置くアプローチ

有効な児童保護のために、委員会は「近隣に基盤を置くアプローチ (neighborhood-based approach)」が必要だと主張した (USABCAN, 1993：81)。「我々は、人種、階級、年齢等による壁を打ちこわし、互いに配慮しケアし合うコミュニティを創造し、そのなかで互いの家族をサポートし合い、子ども達を保護する必要がある」(USABCAN, 1993：82)。なぜなら虐待は少数の異常で病的な家族において発生するのではなく、社会・経済的状況によってはどの家族においても発生する可能性があるからである。ただしこの提案が理想主義的で、個人化が進行しそれが貧困によってさらに悪化した現代社会の動向に逆行していることは委員会も承知しており、この「近隣に基盤を置くアプローチ」を実験するための「防止特区 (Prevention Zones)」を設けることを提案している。これらの「特区」は、虐待発生率が高い地域から選ばれ、地理的位置、人口密度、人種・民族構成等は多様である。そこにおいて虐待の発生を減少させ、社会的・物理的環境を改善するための包括的かつ大規模なデモンストレーション・プログラム事業が実施される。事業内容については詳細にわたって監視され、厳密に評価される。これらに基づいて5年以内に全国的に事業を展開する、という内容であった (USABCAN, 1993：23, 84)。

子ども達のための強いコミュニティ

　しかし残念なことに、連邦政府は児童虐待・ネグレクトに関する国家勧告委員会のこの提案に関心を示さず、実施もしなかった。一方民間団体は、委員会の報告に強い関心を示した。その一つの例がデューク（大学）基金（The Duke Endowment）である。デューク基金は二つの長期的なプロジェクトに補助金を出したが、そのうちの一つがクレムゾン大学（Clemson University）の「子ども達のための強いコミュニティ（Strong Communities for Children）」プロジェクトであった（Melton, 2009：87-89）。

　クレムゾン大学の「家族・近隣生活研究所（Institute of Family and Neighborhood Life）」が実施したこのプロジェクトは、児童虐待・ネグレクト国家勧告委員会が提案した「近隣に基盤を置くアプローチ」を包括的に応用したものであり、プロジェクトはサウスカロライナ州のグリーンビルとアンダーソンという二つの郡で実施された。この地域の人口は2000年当時で12万6,000人であり、うち成人が9万7,000人であった。

　「子ども達のための強いコミュニティ」プログラムの構成要素は二つあり、その第一は「アウトリーチワーカー」である。アウトリーチワーカーはプログラム推進の中心的存在で、プログラムに参加しているコミュニティ（人口5,000人から5万人までと多様である）の資源を動員し、再配置する。第二の要素はこの資源に該当するもの、すなわち住民ボランティアのプールである。アウトリーチワーカーのリーダーシップによって、住民ボランティアは小児科的なケア、児童教育、あるいはプログラムがカバーしている地域で暮らし幼い子どもがいる全ての家庭が利用可能な諸サービス等を行い、自分たちの力を発揮する。

　アウトリーチとは福祉、医療の現場で近年よく用いられるようになった言葉で、支援者あるいは治療者がクライエントのところへ直接出向いて、支援あるいは治療を行うことを意味する。このプログラムにおける「アウトリーチ」は、児童虐待防止に対してどのように有効なのだろうか。まずアウトリーチ活動は、小さい子どもがいる家庭に対して、広汎に利用可能で、容易にアクセスでき、利用に伴って「貧困」や「逸脱」等の烙印を押されない社会的・物質的サポートを提供する。つまりアウトリーチ活動の主要な目的は子どもの保護なのだけれども、同時に親たちの支援にも向けられている。アウトリーチによる支援を行うのは住民ボランティアであり、彼らの養成、維持、動員もアウトリーチ活動の大きな課題で

ある。このようにしてアウトリーチ活動は、コミュニティに住む家族同士の関係を形成し、また強化し、その結果コミュニティの諸制度（たとえば議会等）も強化する。アウトリーチ活動が目指すのはコミュニティの構造や規範の変革であり、その結果として住民は「自然に」子ども達とその親達のニーズに気づき、またそれに応えることができるようになる。

児童虐待・ネグレクトに関する国家勧告委員会による「近隣に基盤を置くアプローチ」の提案は、連邦政府によって無視され実施されなかったが、民間ベースでは大学が中心となって「子ども達にための強いコミュニティ」プログラムが実際に行われ成果を上げた。しかし住民同士の絆の強まりや相互扶助に対して、あくまでも懐疑的な人々も少なからず存在する。そこで地域社会を基盤とした児童虐待防止の取組について、コストと予算という視点からアプローチした議論を紹介したい。

②普遍的サービスか、目標を絞ったサービスか

アメリカでは1974年に成立した児童虐待防止・処遇法に基づき、虐待防止のためのさまざまな事業が展開されてきた。しかし児童虐待は若干減少したとは言え、深刻な数字を示している。CPS には毎年300万人近い児童への虐待が通告されるが、これは全児童数のほぼ5％にあたる（U. S. Department of Health and Human Services, 2006）。全児童の10〜15％は18歳までのいずれかの時点で、虐待を受けたとして CPS に通報されている（Sabol et al., 2004）。この虐待を受けたとして通報された300万人のうち、CPS は、100万人弱が実際に虐待された子ども達であるとしている。毎年1,500人の子ども達が虐待によって死亡し、10万人が性的虐待の犠牲者である。被虐待児童のなかで50万人以上と最も人数が多いのはネグレクトの犠牲者で、それにより学業的、社会的、情緒的発達が妨げられていることが多い（U. S. Department of Health and Human Services, 2006）。

このような事態を前にして児童虐待防止のための諸政策・諸事業は果たして有効なのか、限られた予算を考慮すればもっと有効な方策があるのではないかという疑問が生じるのは当然である。スタンフォード法科大学院の M. S. ヴァルドは、児童虐待防止はもちろん望まれる結果であるが児童に関わる公共政策の第一目標ではないと述べ、地域社会のすべての子ども達の「良好な発達の促進（promoting positive development）」に焦点を置いた政策の方が実り多いのではないかと述べている（Wald, 2009：183）。

　これについてヴァルドは4つの理由を挙げている。第1に児童虐待防止ではなく、普遍的に適用できる「児童の良好な発達の促進」アプローチを採用することで、一般的な支持を得やすいということである。第2に児童虐待防止に主要に予算配分することがそれほど効果を上げていないことが、立証されている。第3に虐待の防止にエネルギーと資源を費やすことで、既に虐待の被害を受け、またその結果として少年司法の対象になったり、精神保健システムの対象になったりしている子どもたちの待ったなしのニーズを十分に満たすことができない、ということである。最後に、全ての子ども達にとっての成果は、虐待防止アプローチより、良好な発達促進アプローチの方が大きいことが理由として挙げられる（Wald, 2009：184）。

　「児童の良好な発達促進」アプローチとは、具体的には保育、教育、保健・医療の分野におけるサービスの充実を指している。

アーリー・ヘッド・スタート

　ヴァルドは、アーリー・ヘッド・スタート（Early Head Start EHS）やその他のプレ・スクール（就学前教育）に注目している。アメリカでは、ほとんどの子ども達がプレ・スクールに通い、その年齢は3歳から5歳となっている。プレ・スクールは、初等教育への準備期間と位置付けられ、数の数え方、アルファベット、描画、歌唱等を行っている。現在はほとんどの州が公立の就学前教育を提供している。EHSは、連邦政府の育児支援政策の一つで、保健福祉省の管轄であり、1965年に開始された。対象となるのは、低所得層、エスニック・マイノリティ、障がいのある子ども達であり、対象年齢は5歳までである。そのサービスは多岐にわたり、就学前教育、栄養や口腔ケア、歯科検診も含めた健康診断等で、また父親がプログラムに参加し子どもに積極的に関与できるような仕組みもあり、家族強化も目指している。

　EHSは一般的な児童福利の向上に加えて虐待のハイリスク家庭を対象とするように設計されており、先に述べたように子どものみならず親もサービスを受けてペアレンティングの質が改善されることを目指している。このことによるEHSのサービスの長期的効果として少年非行の抑止、学校卒業率の向上、十代

の妊娠の減少等が挙げられている（Karoly et al., 1998）。

　問題はこのような教育にベースを置く「児童の良好な発達」アプローチが、虐待のハイリスク家庭に適切に届いているのかということである。ある研究によれば、資格のある子どもたちの2.5％しかEHSを利用していないと指摘されている（Ewen & Matthews, 2007）。

　多くの解体家庭の親たちは、EHSやプレ・スクール等のサービスが行われている施設・機関へ子ども達を送り出すということをしない。明らかにアウトリーチ・サービスが必要である。

乳幼児家庭訪問事業

　保健医療分野で有効とみなされたアウトリーチ・サービスが、乳幼児家庭訪問事業である。この事業では、妊娠期間および子どもの出生後2年間にわたって、定期的に看護師が家庭訪問する。このサービスの短期的および長期的有効性が研究によって明らかにされており（Olds, Sadler & Kitzman, 2007），行政と住民の協力による訪問サービスが続々と登場した。これらの訪問サービスには、親子間アタッチメントの強化、虐待防止のための医療ケアへのアクセス、ペアレンティング能力の修得、子どもの発達の遅れの早期の発見等の利点があった（Daro, 2009）。

　この事業は乳幼児のいる全家庭が対象となるが、低所得層を対象としたのが「看護師―家族パートナーシップ（Nurse-Family Partnership）」である。その目的は、「両親の健康状態を改善し、乳幼児期の子どもに対する養育機能を高め、あわせて家族の機能と経済的自立性を高めることで、子どもの神経発達を促進し、認知的・行動的機能を高める」ことにある（Runyan & Zolotor, 2009）。「看護師―家族パートナーシップ」事業の有効性は認識されているが、実施のために専門職を必要とし、そのためにコストが嵩み、ごく一部の人々（貧困で、十代で、初めて母になった女性たち）のみを対象とせざるを得ないという問題点がある。

既に虐待の被害者となった子どもたちの充足されないニーズ

　このように短期的な虐待防止に目標を絞り込んだサービスより、普遍的な保育、教育、保健・医療分野のサービスが長期的には虐待防止に有効なのではないかという議論が存在する。その背後には既に虐待を受けた子どもたちの処遇、あるいは虐待の影響により少年司法システムあるいは精神・保健システムの下に置かれ

た少年たちの待ったなしのニーズが十分に満たされず、一方で限られた資源の大きな部分が虐待への懲罰的アプローチの中での調査や虐待防止の広報に投入されていることへの疑問があった。理論的には虐待防止と虐待ケースへの介入は相互に排除的ではないが、現実には限られた予算を巡って両者は競合関係にある。

児童虐待防止・処遇法の成立以来40年、その間に連邦や州で立法化や法改正が行われたが、児童保護システムは質の高いサービスを提供できていない。主要な問題は、親子分離した後の里親委託における養育の質が良くないこと、不安定であること、期間が短いこと等である。その背後には、里親への報酬が十分でないこと、また里親に対する研修や支援が乏しいため里親のなり手が不足しているという更なる困難が存在している。

CPS職員へのなり手も不足していて、訓練が十分でなく彼ら自身をサポートするサービスも無く、給料が安い。そのため、もっと高給のプレ・スクール等の就学前教育や児童福祉分野に人材が流れていってしまうのである。

人員が不足し質の高いサービスが提供できないという児童保護システムの問題は、被虐待児として通報されCPSによって対応される子ども達にとって深刻である。彼らの多くは解体した家族の中で暮らし、家族もまた社会・経済的困難を抱え孤立している。子ども達とその家族に対して専門的な訓練を受けた職員が、集中的に質の高いサービスをしかも長期的に提供しなければならないが、先に述べたような事情でそれは困難である。そのため一度はCPSの対応を受けた子ども達の中で、再び虐待やネグレクトの被害を受ける子は多く、被害を受けなかったとしてもその子の福利は改善されていない。

虐待を受けた子どもたちの少なからぬ部分がその影響で、発達的な問題（非行や愛着障害等も含めて）を抱えているということは、つとに指摘されている（Wulczyn et al., 2005／井上、2005）。このような問題はまず第一に彼ら自身のためにその取組への支援が必要であるが、このような問題を抱えたまま親になることで虐待が再生産される恐れがあり、その観点からも早急な取組が必要である。なぜなら若者期に入っている、また現に親になっている被虐待児も多いからである。彼ら自身の発達課題取組への支援とペアレンティング・スキル修得の支援は決定的に必要である。

児童虐待の重要な要因としての貧困と差別

　最後にヴァルドは、このように結論づけている。為政者が児童虐待防止に真剣に取り組もうとするのなら、貧困と止むことのない人種差別が児童の福利に与える影響を直視しなければならない。それ抜きにして講じられる児童虐待防止の諸政策は、実質的な効果を上げ得ないだろう。確かに、子どもを虐待する親達はペアレンティング・スキルの修得に支援を必要とする。しかし彼らはそれと同様に、いやそれ以上に職業訓練や、適切な住居や暴力からの保護や、また子どもたちのための尊厳ある保育や就学前教育また教育を必要としているのである。地域社会での児童虐待防止はより広い社会的文脈での改革と連動させて考えねばならない。

V-2　「児童虐待への政策的対応についての調査」：平成17年、24年調査の結果と分析

　筆者は平成17年11～12月と平成24年1～2月に全国の都道府県に対して、質問紙調査を実施した。両調査の概要は次のとおりである。

平成17年調査（科学研究費補助金　基盤研究（C）　平成16～17年度　研究課題名「子ども虐待への臨床社会学的介入」による。）
　平成17年11月から12月にかけて、全国の都道府県に対して「児童虐待への政策的対応についての調査」と題する質問紙調査を行った。質問項目は以下のとおりである。
1）児童虐待発生予防のためには、虐待ハイリスク家庭の把握とリスクの低減が重要である。そのためにどのような政策を実施しているか、また子育て家族を孤立化させない一般子育て支援政策はどのようなものか、について尋ねた。
2）児童虐待防止を目的とする市町村地域でのネットワーク（要保護児童対策地域協議会を含む）の設置状況に関して、
　・ネットワークを設置している都道府県下の市町村の数
　・ネットワークへの主な参加機関
　・主な活動
　・課題について尋ねた。

3）当該自治体の児童虐待への政策的対応の特徴、有効な点、問題点について尋ねた。

回答があったのは、宮城、秋田、茨城、栃木、群馬、千葉、神奈川、新潟、石川、山梨、長野、静岡、京都、大阪、兵庫、奈良、島根、山口、徳島、、香川、愛媛、高知、福岡、佐賀、宮崎、鹿児島　の26府県であった。

平成24年調査（科学研究費助成事業助成金　基盤研究（Ｃ）　平成23〜25年度研究課題名「地域社会を基盤とする子ども虐待防止：行政の政策と民間の活動」による）

平成24年1月から2月にかけて、先の平成17年調査で回答があった26府県に対して追跡質問紙調査を行い、秋田、茨城、栃木、千葉、新潟、山梨、京都、兵庫、奈良、島根、山口、香川、高知、福岡、鹿児島の15府県から回答を得た。同時に平成17年調査で回答が無かった都道府県に対して同一の質問紙で再度調査を行った。回答があったのは、埼玉、東京、富山、岐阜、三重、滋賀、和歌山、鳥取、広島、熊本、大分、沖縄の12都県であった。

また平成24年1〜2月の追跡調査、再調査に対して回答を得た都道府県のうち、特に内容をさらに深める必要があった秋田県、岐阜県、山梨県に対してインタビュー調査を行った。それぞれの日時、場所、インタビュー対象者は次のとおりである。

Ａ）秋田県：平成25年10月21日、秋田県庁、健康福祉部子育て支援課長、家庭福祉班副主幹、調整・子ども育成班主査
Ｂ）岐阜県：平成25年11月25日、岐阜県庁、健康福祉部子ども家庭課児童養護係長及び主任
Ｃ）山梨県：平成25年12月9日、山梨県庁、健康福祉保健部児童家庭課児童養護担当主事、児童対策企画課監

①日本における児童虐待の防止等に関する政策の概要

調査結果により、各都道府県の児童虐待防止政策、子育て支援政策を見ていく前にその枠組として、日本における児童虐待の防止等に関する政策の全体像を見ていきたい。

日本における児童虐待の防止等に関する政策は、大きく分けて3グループに分類できる。第1は、「発生予防」で、そのうち育児の孤立化防止対策としては、「乳児家庭全戸訪問事業」、「養育支援訪問事業」、「地域子育て支援拠点事業」がある。「乳児家庭全戸訪問事業」は、乳児のいる全家庭を訪問し、母子の心身の状況の把握や子育てに関する情報の提供を行うもので、児童福祉法に努力義務として規定され、事業主体は市町村である。「養育支援訪問事業」は、乳児家庭全戸訪問事業等により養育支援が必要と見なされた家庭を訪問し、養育に関する相談指導等を行うものである。児童福祉法に努力義務として規定され、事業主体は市町村である。V-1の②でみたように、アメリカにおいても児童虐待防止、子育て支援一般政策としての乳幼児家庭訪問事業は有効なアウトリーチ・サービスであると評価されている。「地域子育て支援拠点事業」は、乳幼児を持つ保護者が、相互交流を行う場所を開設し、子育て相談等に応えるもので、児童福祉法に努力義務として規定されている。事業主体は市町村である。

　「発生予防」のための施策としては、育児の孤立化防止対策以外に、「訪問型家庭教育相談体制充実事業」があり、地域の子育て経験者等が学校と連携して家庭等を訪問して支援を行う。また虐待防止の広報・啓発もある。

　第2は、「虐待の早期発見」で、保育所、学校、医療機関等における早期発見が児童虐待防止法に規定され努力義務である。その他早期発見のための広報・啓発および法務局、地方法務局において「子どもの人権110番」、「子どもの人権SOSミニレター」、「インターネット人権相談」等が行われている。

　第3は、「早期対応から保護・支援」で、〈児童相談所および市町村における対応〉と〈社会的養護体制の整備〉がある。〈児童相談所および市町村における対応〉では、
・児童相談所および市町村における職員の確保
・小・中学校へのスクール・ソーシャル・ワーカーの配置
・児童相談所における48時間以内の安全確認の実施。また児童相談所は必要に応じて立入調査、保護者への出頭要求、臨検・捜索を実施することが児童虐待防止法に規定されている。
・児童相談所および市町村は、保護者に対する調査に基づき方針を決定して援助、また法に基づく指導（行政処分）、勧告等を実施する。
・虐待による死亡事例等の重大事例について、国および地方自治体は分析・検証

を行い報告書を作成する。

〈社会的養護体制の整備〉については、児童養護施設等の整備があり、事業主体は都道府県である。また里親の普及及び里親委託の促進があり、事業主体は都道府県である。

第4に先に挙げた3つすなわち、「発生予防」、「早期発見」、「早期対応から保護・支援」の全ての領域にわたるものとして「要保護児童対策地域協議会」の設置と、そこにおける関係諸機関の連携が必要である。

②平成17年調査

先にも述べたように質問項目は大別して3つであり、1）児童虐待発生予防のための虐待ハイリスク家庭の把握とリスクの低減のための対策、また一般的な子育て支援事業について 2）市町村地域でのネットワーク（要保護児童対策地域協議会を含む）について、3）当該自治体の児童虐待への政策的対応の特徴、有効な点、問題点について、となっている。項目ごとの回答を順次、分析・検討していきたい。

児童虐待発生予防のための虐待ハイリスク家庭の把握とリスクの低減および一般的子育て支援事業

A）母子保健事業の重要性

当時はまだメディア等ではほとんど取り上げられていなかったが、質問紙に対する回答を見ると児童虐待防止における母子保健事業の重要性について認識し、事業として展開している自治体が多かった。代表的なものを紹介する。

宮城県：育児不安が高まる出産直後の母親を対象として県内85％の市町村で、「エジンバラ産後ウツ病質問票」による調査を実施し、高得点者に対して、家庭訪問、電話相談、心の相談等で支援。また母子保健事業の各段階での「気になる妊婦・親子」については、市町村保健師と県との共同家庭訪問、電話相談、アドバイザー派遣、また母親たちのグループ・ミーティング（MCG）を実施。

秋田県：リスク低減のため、在宅看護職による自宅訪問と育児支援。

神奈川県：在宅医療体制整備のための関係機関のコーディネート。

石川県：多胎や若年妊婦等ハイリスク妊婦に対する医療機関と保健福祉センター

の指導。
長野県：周産期医療対策事業。極低出生体重児フォローアップ事業。
京都府：心理カウンセラーの派遣（養育上課題のある家庭への訪問指導、そのうちでも特に育児不安等が大きく虐待傾向が強い時は、心理カウンセラーおよび保健師による心理的なケア及びマネジメント）。
徳島県：すこやか親子ヘルスアップ事業（関係者研修、虐待ハイリスク家庭を対象とした親教室、個別相談事例検討会、虐待予防に視点を置いた市町村乳幼児健診の普及、医療機関との連携促進等関係諸機関のネットワークづくり）。その他の府県でも多様な事業展開があった。

B）親教育（parenting education）の重要性

　親としての営み（parenting）は、自然にあるいは本能によって可能となるのではない。親になるためには、社会化と学修が必要である。これは虐待のリスクの高い親のみではなく、親一般に言えることであるが、今のところ虐待を行ったり、あるいはその危険性が高い親のみが parenting education の対象となっているに過ぎない。回答を戴いた26の府県の中にも、parenting education, あるいはグループ討論による parenting への気づきの作業等に積極的に取り組んでいる自治体が見られた。

宮城県：MCG（子育て困難や虐待の危機に陥っている母親たちのグループ・ミーティング）の実施。
静岡県：虐待親やその危険性の高い親を対象とする虐待予防教室。
山口県：NPプログラム（Nobody's Perfect Program、註：1980年代初めに、カナダ政府主導で開発された親教育プログラムのことである。1987年にカナダ全土に導入され、全州、準州で実施されている。NPプログラムの対象となるのは、就学前の子どもを持つ親である。20人以下の少人数・固定メンバーで1回約2時間のセッションを原則として毎週、連続6回以上開催する。有資格者のファシリテーターがセッションを運営する。セッションにおいて参加者は各自の子育て体験を語り、また他者の経験に耳を傾けることで、事実の客観的認識→分析→事後への応用という体験学習サイクルを身に着ける。（原田、2008））の指導者養成・モデル

実施。
宮崎県：ハイリスク親を対象としたMCG実施。

C）民間の力の活用

parenting educationや親支援の場面に民間の力が活用されていることは、注目される。地方自治体が多様な施策を構想しても、予算への配慮が構想に制限を加える。地方自治体がコスト削減という観点からのみ民間の力を活用しようとするのは問題であるが、また一方で予算的制約を超えたある程度自由な施策展開が可能になるのは民間の力活用のメリットではないか。例としては、

山梨県：児童虐待対応協力員の配置。
兵庫県：すくすく相談事業（子育て経験者を相談員とし、保育所等で相談活動を行う）。
山口県：虐待防止地域サポーター（児童虐待防止地域協力員、主任児童委員、母子保健推進員、教員、人権擁護委員等を虐待防止地域サポーターとして登録し、虐待の未然防止、早期発見等のための地域ネットワークとして活用する）。

D）虐待防止の前線の拡大

児童虐待の未然防止は、当然のことながら母子保健事業と親教育に終始するわけではない。筆者が呈示した「ストレッサーへの2段階適応モデル」でも明らかなように、大きなあるいは多くのストレッサーに直面しやすく、またそれへの適応が機能不全になりやすい家族はすべて虐待発生のリスクがある。そのため虐待防止の施策は、多方面に展開することが必要となる。例として

長野県：多胎児のいる家族、在日外国人家族、若年親にたいして支援を行っている。
静岡県：親子分離後再統合した家族にたいして、家庭訪問を行い、虐待の再発防止に努めている。

その他、児童相談所が柔軟な対応をおこなっている自治体があり、これも有効

と思われる。例として

群馬県：中央児童相談所は管内面積・人口ともに多いため、管内の遠隔2地域保健福祉事務所に児童福祉司を駐在させ、気軽に相談でき迅速に対応できる体制の整備を図っている。
高知県：児童相談所が子育て中の親子が集える場所を提供し、利用者が情報交換や相互援助を行うことで育児に伴う精神的不安の軽減に役立っている。

市町村地域でのネットワーク（要保護児童対策地域協議会を含む）について

　要保護児童対策地域協議会の設置と運営を定めた改正児童福祉法が施行されたのは、平成17年4月1日からであり、筆者が調査を実施したのは平成17年11～12月であったので、回答から知られる設置状況はあまり芳しくない。しかし、これはひとえに調査時期によるものと思われる。しかしこの時点で市町村における要保護児童対策地域協議会の設置率が既に高かった府県としては、神奈川県（100％）、石川県（100％）、大阪府（100％）、徳島県（94％）、宮城県（約70％）、茨城県（62.8％）等があった。また要保護児童対策地域協議会の設置率が低い自治体においても、既に市町村に児童虐待防止ネットワークが設置されている自治体が多く、これらが順次、要保護児童対策地域協議会に移行したものと思われる。また調査時期は、ちょうど全国で市町村合併が進行していた時期にあたり、このことが要保護児童対策地域協議会の設置の遅れの一因となっていたことを付け加えたい。

　A　ネットワークへの主な参加機関（ネットワークとは、要保護児童対策地域協議会のみならず児童虐待防止ネットワークも含む）
　回答にあげられた諸機関の集計結果は次のとおりである。
【市町村行政】
　児童福祉主管課　23、母子保健主管課　21、教育委員会　22、保健センター　6、障害者福祉主管課　2、統合主管課　1、その他の課　1
【国・都道府県行政】
　児童相談所　24、警察　25、保健所　17、福祉事務所　14、消防署　4、法務局　3

【医療機関、学校、施設】
　保育園　23、幼稚園　23、小学校　21、中学校　21、病院・診療所　13、児童福祉施設　6、児童館　2、療育センター　2、養護学校　1、障害児通園施設　1、青少年サポートセンター、母子生活支援センター、男女共同参画推進センター、児童家庭支援センター　各1
【関係団体】
　医師会　14、民生委員・児童委員協議会　9、社会福祉協議会　8、弁護士会　2、保護者会・PTA、歯科医師会、看護協会、保護司会、人権協会、虐待防止民間団体、各1
【行政委員、専門職】
　民生・児童委員　13、主任児童委員　8、人権擁護委員　4、家庭・児童相談員　2

　調査結果を通じて言えることは、多様なメンバーの参加が必要であるということである。たとえば消防本部が参加しているのは、茨城県、新潟県、大阪府、香川県の4府県のみであるが、虐待のため負傷したり、衰弱した子どもを搬送するのは救急隊員であるため、より多くの自治体で消防本部の参加が必要である。また児童福祉施設の参加は全体で6施設にとどまっているが、親子分離後、児童福祉施設に入所する子ども達が増加しており、彼らが抱える問題の重要性を考慮すれば児童福祉施設の更なる参加が必要である。

　多様なメンバーの参加ということについては、調査対象中新潟県が突出しており、基本的な参加メンバーに加えて、保護者会・PTA、歯科医師会、保護司会、弁護士会、人権擁護委員等多様なメンバーが参加している。大阪府では行政側から、児童福祉主管課、母子保健主管課、のみならず多くの部署（保育主管課、青少年主管課、生活保護担当課、地域福祉担当課、人権推進担当課等）が参加しており、部署横断的なアプローチが可能である。

　問題点として挙げられるのは、児童虐待防止活動を行っている民間団体（NPO、ボランティアグループ等）の参加がほとんど無いことである（山梨県では数少ない例として、民間団体が参加している）。民間団体は電話相談を行ったり、そのうちでも深刻な事例を市町村窓口や児童相談所へつないだりすることにより、虐待防止・対応に与って力があったのは周知の事実である。その成果を正当に評価

し、要保護児童対策地域協議会のメンバーとしてきちんと位置付けることにより、地域社会に基盤を置いた虐待防止は真に可能になると言える。

　B　要保護児童対策協議会、虐待防止ネットワークの課題
〈組織運営に関するもの〉
　これらのうちには、人材の確保が困難である、専門職の参加を希望するが予算が不足している、事務局の負担が大きい、コーディネーターが不在である、スーパーバイザーの確保が困難である、児童相談所と関係機関との役割分担を明確にする必要がある、等が含まれている。次にいくつかの例を示すことにしたい。
・組織はできても、効果的な運営方法（対外的にも内部的にも）がつかみにくい。事務局を担う機関（職員）の負担が大きい（新潟県）。
・各市町村によって、ネットワークの成り立ちや成熟度が違うため課題も違う。参加機関それぞれの力量アップ、コーディネート力の向上を研鑽し、事務局の強力なリーダーシップがある市町村においては、うまくネットワークが機能している（大阪府）。
・大学教授、弁護士、精神科医、臨床心理士等の専門家をメンバーに加えるための予算確保が困難である。また予算確保できても専門家が地域に不足しており、人材確保自体が困難な場合もある（佐賀県）。
〈参加機関の意識向上に関するもの〉
　ネットワークに参加しているが意識の低い機関への働きかけ、あるいは参加機関全体の意識の向上が必要とされている。
・参加機関の意識の温度差（代理出席の多い機関あり）の解消が必要である（神奈川県）。
・郡部等は虐待問題が表面化していない地域が多いため、職員の意識も低い。また郡部では一人の職員が福祉関係のいくつもの業務を兼ねているため、その多忙さから体制づくりが遅れている（長野県）。

各自治体における児童虐待への政策的対応の特徴、有効な点、問題点について
　第3番目の質問項目については、同一の質問項目によって実施した平成24年の追跡調査の結果と照合し、7年間の施策の動きを見ることにしたい。

③平成24年調査

　先にも述べたように、平成17年調査において回答があった26府県に対し平成24年1～2月に追跡調査を行い、15府県から回答を得た。また17年調査で回答が得られなかった都道府県に対して同一の質問紙で再度調査を行い、12都県から回答を得た。追跡調査については、7年の間隔を置いて実施された二つの調査を比較し、政策的対応のうち継続しているもの、あるいは新規のものを明らかにし、当該都道府県児童相談所の児童虐待相談対応件数の増減と照合して、施策の有効性を検討する。

　また平成24年調査においては、秋田県、岐阜県、山梨県に対してインタビュー調査も行った。調査実施の理由は、追跡調査、再調査で回答を得た都道府県のうち、3つの県に関しては内容についてさらに詳細に知る必要があったためである。

追跡調査

　平成24年調査の質問項目は前回と同じく、1）虐待ハイリスク家庭の把握とリスク低減についておよび一般的な子育て支援政策について、2）要保護対策地域協議会について、3）当該自治体における児童虐待対策の特徴、有効な点、問題点について、の3つであった。ここでは特に質問3）に焦点を絞り、分析を行った。各自治体の対応をA 予防、B 早期発見・対応、保護・指導、C 事後ケア、D 問題点に分類した。その上で平成17年調査時から継続しているものに（継）、新規のものに（新）のマークをつけた。不明のものには、マークをつけていない。さらに政策の有効性の指標として、平成23年度の当該自治体の児童相談所における児童相談対応件数の対前年度増減率を示した。

・秋田県：平成23年度対前年度増減率　0.81
　A　24時間365日電話相談（新）、NPプログラムの実施（新）、コモンセンス・ペアレンティング・トレーナーの養成（新）（コモンセンス・ペアレンティングとは、アメリカで開発された被虐待児の保護者支援のためのトレーニング・プログラムである。暴力や暴言を使わずに子どもを育てる技術の修得をめざし、子どものマネジメント・スキル訓練、認知再構成と問題解決訓練、ストレス・マネジメントと怒りのコントロール訓練から構成されている。）

B　児童相談所、市町村職員の研修（新）、児童相談所非常勤職員の配置（新）、虐待死事案検証委員会の設置（新）
　C　家族再統合プログラム（新）
　D　児童相談所職員の不足、一般職員が児童福祉司となること、また3年で異動することからスキルの向上および蓄積が十分できない。

・茨城県：平成23年度対前年度増減率　0.94
　A　発達障害児への支援（継）、市町村母子保健および医療機関研修（産後ウツ予防、揺さぶられ症候群予防等）（新）、要支援妊婦の把握と支援（新）
　B　児童相談所の増員と資質の向上（継）
　C　児童養護施設の整備（継）

・栃木県：平成23年度対前年度増減率　0.87
　A　妊娠・出産に悩みを持つ者への相談窓口の開設と周知（新）
　B　24時間365日相談体制（新）、児童虐待対応チームの設置（継）、児童福祉司の増員および教員、保健師、警察OB等の配置（新）、市町村の母子保健担当部署と児童虐待担当部署との連携（新）
　C　退所児童アフターケア事業をNPO法人に委託して実施（新）
　D　望まない妊娠の専用相談窓口開設の必要性。要保護児童対策地域協議会の運営方法にバラつきが大きい。家族支援が十分にできていない。

・千葉県：平成23年度対前年度増減率　0.95
　A　「母子保健虐待予防マニュアル」の作成（新）
　B　相談受付から終結に至る児童情報の一元管理および各種会議の進行管理のための児童相談所ITシステムの活用（新）
　D　死亡事例の検証結果等を受け、児童虐待対応システムの抜本的見直しをはかる。

・新潟県：平成23年度対前年度増減率　1.15
　A　NPプログラムの実施（新）、NPOと連携して虐待防止に関する講座の実施。（新）

B　児童福祉司の増員（継）、中央児童相談所に虐待対応専門チームの設置（継）、県内児童相談所における虐待対応協力員の配置（5児童相談所で16人　継）。

・山梨県：平成23年度対前年度増減率　1.16
　C　通所指導事業および宿泊指導事業を行い、虐待発生家族における養育機能の再生・強化および児童の人権擁護の推進（新、平成18〜）。具体的にはカウンセリングおよびスーパーバイズ回数を4人／月に目標設定・実施し、平成18年度14件から毎年20％ずつ件数を増やすように取り組む。家庭生活の継続、虐待環境の改善に効果がある。

・京都府：平成23年度対前年度増減率　1.08
　A　「医療機関用子どもの虐待対応マニュアル」を山城地域で作成・配布また講演会の開催（新）地域の児童問題に対して相談援助を行う児童家庭支援センターを児童養護施設に付設（舞鶴学園：継、京都大和の家：新）
　B　各児童相談所に初期対応を行う児童虐待対応協力員の配置（継）、法的問題に対して専門的助言や援助を行う弁護士の確保（継）
　C　虐待を行った保護者へのカウンセリングを行う精神科医の配置（宇治児童相談所　継）。

・兵庫県：平成23年度対前年度増減率　0.96
　A　乳幼児ハイリスク家庭早期フォロー事業（継）、ハイリスク妊産婦の早期発見・早期支援のための助産師、看護師、養護教諭等への研修の実施（新）
　B　虐待防止24時間ホットライン（継）、市町・県連携アドバイザーとして各児童相談所に嘱託職員の配置（新）。
　C　里親制度普及啓発研修事業（新）、虐待を行った親等への家族再生指導（継）。

・奈良県：平成23年度対前年度増減率　1.34
　平成22年に県下で発生した虐待致死事件をきっかけとして設置された「奈良県児童虐待対策検討会」の提言を受け、平成23年「奈良県児童虐待防止アクションプラン」を策定。アクションプランでは、児童虐待対応の4つのポイント（「未然防止」、「早期対応」「発生後の対応」「体制整備」）における課題と具体的行動

を指示し、4つのポイントごとに評価指標を設定するとともに、実行指標を年度ごとに公表する。
　A　乳幼児健診未受診児の現認（継）、医療機関と母子保健の連携強化（新）。
　C　中央児童相談所において、精神科医、心理職員、学習指導員の配置等、一時保護児童へのケアの充実（継）
　児童養護施設に心理職員を配置し、被虐待児童への心理療法の実施（新）

・島根県：平成23年度対前年度増減率　1.30
　B　児童相談と女性相談との連携強化（継）。児童相談所に女性相談員を配置し、またDV事案等に関して警察から児童相談所への通告が積極的に行われる等、関係機関のネットワークを構築する。
　D　市町村により対応にバラツキがある。人事異動等で、ケースの情報および相談対応の専門性が十分継承されない。

・山口県：平成23年度対前年度増減率　1.05
　A　市町村職員専門性向上講演会の開催（新）、虐待防止地域サポーター（主任児童委員、母子保健推進員、教員、人権擁護委員等　継）、児童家庭支援センターの設置（4か所、継）。
　B　24時間365日相談体制（継）、一時保護中の被虐待児童への学習指導（継）、児童家庭アドバイザーを配置し、児童福祉司に協力して調査・連絡調整（継）。
　C　児童養護施設における専門的対応の充実（継）、専門里親の育成・支援（継）。

・香川県：平成23年度対前年度増減率　0.86
　A　乳幼児健診や家庭訪問等等を通じて保護者に対する養育支援（新）、強い育児不安、育児困難な家庭に対する重点的な子育て支援（新）、未熟児、障害児等の親に対する専門的な子育て支援（継）
　B　児童相談所の虐待初期対応班による早期対応（継）。
　C　家族再統合プログラムによる保護者等への支援（新）

・高知県：平成23年度対前年度増減率　0.82
　A　市町村における児童家庭相談担当部署と保健部署との連携・情報共有（新）

B　中央児童相談所に専任の児童虐待対応チームを設置（平成21年7名→平成22年11名　新）
　D　市町村職員の人事異動のサイクルが短く、経験の蓄積や専門性の育成が困難である。

・福岡県：平成23年度対前年度増減率　1.00
　A　ハイリスク妊婦支援事業（継）、市町村子育て支援センター等における育児支援事業（継）
　B　児童相談所の支所の本所化（4児童相談所→6児童相談所　新）、児童福祉司（12年度24名→23年度56名）、臨床心理士（12年度10名→23年度20名）の増員（継）、
　C　家族再統合支援事業（平成23年度〜）施設入所した子とその親を対象に、家族の絆を修復して子どもの家庭復帰につなげるプログラムを実施（新）

・鹿児島県：平成23年度対前年度増減率　0.69
　B　平成22年度までに全市町村に要保護児童対策地域協議会を設置（新）
　D　要保護児童対策地域協議会を通じての関係諸機関の連携の強化、児童相談所との役割分担の明確化

再調査

　以下で紹介するのは、平成17年調査では回答が無く、平成23年調査に対して回答が寄せられた(都)県である。（質問3）当該自治体における児童虐待への政策的対応の特徴、有効な点、問題点」への回答に焦点を絞り、その内容をA、予防、B、早期発見・対応、保護・指導、C、事後ケア、D、問題点、に分類した（質問3）に回答が無かった自治体については、除外されている）。平成17年調査には回答が無かったので、「継続」、「新」の区別は行っていない。

・埼玉県：平成23年度対前年度増減率　1.23
　A　母子保健の充実強化
　B　児童相談所への警察官OBの配置、非常勤職員の複数配置。
　C　児童精神科医による巡回相談。家族支援プログラムによる家族再統合。地

域小規模児童養護施設の設置や小規模グループ・ケアの整備促進および里親委託推進員を全児童相談所に設置。

・岐阜県：平成23年度対前年度増減率　1.10
　A　育児不安を抱える親を対象としたNPプログラムの実施。父親の育児参加を促進する「ぎふイクメンプロジェクト」の実施。父親の子育てへの関わり方や子育ての基礎知識を記した「父子手帳」の作成・配布。
　B　「子ども相談センター24時間虐待通報ダイヤル」の開設。24時間365日受付体制。
　C　児童養護施設退所者等に対する就職活動支援。

・三重県：平成23年度対前年度増減率　1.08
　平成16年3月「子どもを虐待から守る条例」を制定。「子育て支援指針」、「早期発見対応指針」、「保護支援指針」の3指針により児童虐待防止の方向性を示す。また平成23年3月「三重県子ども条例」を制定。基本理念として子どもを権利の主体として尊重、子どもの最善の利益の尊重、子どもの力の信頼、を掲げている。

・滋賀県：平成23年度対前年度増減率　1.07
　A　「子育て三方よしコミュニティ推進事業」による子育て情報発信・共有、および子育て支援機関の交流。
　B　全市町村に要保護児童対策地域協議会の設置。

・広島県：平成23年度対前年度増減率　1.17
　B　児童虐待対応嘱託弁護士の配置。一時保護所に心理療法士の配置。虐待通告のあった児童の安全確認等のため児童虐待防止支援員の配置。専門家による早期虐待診断の仕組みづくり。
　C　虐待発生家族に対する家族療法事業。里親支援事業。施設入所児童の家庭復帰支援を行う子ども家庭支援員の配置。

・大分県：平成23年度対前年度増減率　1.03
　A　「いつでも子育てホットライン」の開設（24時間対応　平成22年から）。子

育て支援員による訪問型子育て支援（平成24年から）。地域に根ざした子育て支援ネットワークづくり。地域における男性の子育て参加の向上をはかる（平成24年から）

B　全18市町村における要保護児童対策地域協議会の設置。

・沖縄県：平成23年度対前年度増減率　0.99
　B　児童相談所（2か所）に児童虐待早期対応のための専任の児童福祉司の配置。児童福祉司および児童心理士のスーパーバイザーの動員。
　D　児童虐待防止のための広報・啓発の充実をはかりたいが、多くの県民の意識を高める効果的な広報・啓発の方法に苦慮している。

インタビュー調査
・秋田県
　秋田県における児童虐待の相談対応件数は、平成15年度には69件であったが、平成24年度には198件と3倍弱に増加している。またその間の平成19年には「秋田連続児童殺人事件」が発生し、事件以前から被害児童が保護者からネグレクトを受けていたことが問題となった。この事件の影響かどうかは定かでないが、筆者の実施した質問紙調査において平成23年の回答は平成17年のそれに比べて、秋田県における児童虐待へ政策的対応が飛躍的に充実したことを物語っている。
　諸対策のうちでも注目すべきなのは、虐待発生予防対策としての「ノーバディズ・パーフェクト・プログラム親支援講座」事業であり、秋田市（平成22〜24年度　27回）等の都市部で活発である。また横手市等の農村地域では、NPプログラムの開催回数は多いとは言えないが、3世代同居率が高く、同時に虐待発生件数が少ないのが注目される。

・岐阜県
　岐阜県における平成24年度の相談対応件数は725件で、過去最多の平成23年度から横這い状態である。岐阜県において注目されたのは、在日外国人の流入人口の多さと児童虐待発生との関連である。中濃地域の加茂市、可児市では在日外国人が人口の1割を占め、その多くが工場労働者で不安定雇用や貧困等の問題を抱えている。これらの問題が虐待の発生を促進するリスク要因になるのではないだ

ろうか。質問紙調査、インタビュー調査の双方において指摘されたのは、虐待ハイリスク家族と貧困問題との関連性は強く、根本的な対策として社会保障や所得再配分についての大きな政策的アジェンダの設定を必要とする、ということであった。

・山梨県
　山梨県における平成24年度の相談対応件数は、512件で前年度比7.3％増であった。
　山梨県において注目されたのは、通所指導事業および宿泊指導事業による家族再統合支援である。虐待により児童養護施設や一時保護所に措置された児童および保護者を対象として、家庭における養育機能の再生・強化や児童の人権擁護の促進をはかる。宿泊指導は都留児童相談所に「親子訓練室」があり、そこで宿泊し、カウンセリング等を実施する。

平成24年追跡調査、再調査、インタビュー調査を総括しての考察
1) 児童虐待に関する全国の情報および調査・研究成果をデータ・ベース化し一元的管理を行うアメリカの「児童虐待とネグレクト全国情報センター（National Center on Child Abuse and Neglect NCCAN）」のような行政機関が日本においても、虐待防止、早期発見・対応、保護・指導、事後ケアのために必要である。県レベルでは千葉県が、児童相談所のITシステムを活用して情報の一元管理を行っている。
2) 事後ケアとりわけ家族再統合支援については、その必要性をどの自治体も認めているが、人員不足等で不十分な状態であるのが現状である。この領域においてNPO等民間の協力の一層の拡大が必要である。民間の協力については、現在虐待防止の領域では山口県の「虐待防止地域サポーター」、また早期発見・対応の領域では新潟県や京都府の「児童虐待対応協力員」等があるが、地域社会を基盤とした児童虐待への取組を実質的なものにするためにも一層の推進が必要である（アメリカにおける事例として、V-1の①、「子どもたちのための強いコミュニティ」プロジェクト等参照）。
3) 岐阜県の調査で明らかになったように、児童虐待は貧困問題との関連が強く、労働・経済面からの支援は重要である。しかし現実には多くの自治体の

施策は、心理学的、精神医学的、医療・保健的なものが主体である。児童虐待担当部署と生活保護等公的扶助担当部署、および就労支援担当部署との連携が必要である。

4）同じく岐阜県の調査で明らかになったが、在日外国人家族においても児童虐待また配偶者暴力等が発生している。これらは在日外国人家庭がおかれている不安定雇用それゆえの貧困・孤立、また子どもの養育・教育をめぐる問題等の困難な状況と強く結びついている。児童虐待問題を含みこんだかたちで、在日外国人家族の福利の向上を目指す総合的な政策の必要性がある。

5）各自治体において、虐待防止、早期発見・対応、事後ケアのすべての分野にわたってきめ細かな政策的対応がとられているが、政策の効果についてアセスメントを実施している自治体は少ない。実施例としては、奈良県は平成23年度に策定したアクションプランに政策評価を盛り込んでいる。児童虐待への政策的取組において数値指標の設定と政策効果の数的アセスメントが必要である。

6）虐待防止のための一般的子育て支援政策充実が必要である。Ⅴ-1の②においては地域社会のすべての子どもを対象とする「良好な発達促進」政策が虐待防止に対しても機能的であることを指摘した。平成24年調査においても、多くの地方自治体が、基本的には国の「子ども・子育てビジョン」に基づきながらも、創意工夫をこらした政策展開を行っていることが明らかになったので、それらをグルーピングして簡単に紹介したい。

・地域における子育て支援拠点の整備／富山県：「子育てミニサロン」事業、「マイ保育園」モデル事業、滋賀県：「子どもと家族を守る家づくり」事業、沖縄県：地域子育て支援拠点の拡充、兵庫県：「まちの子育てひろば」事業
・子育て支援ボランティア、NPO等の養成、援助／秋田県：「子育てサポーター」養成、山口県：「ノーバディズ・パーフェクト・プログラム」指導者養成
・支援諸組織・団体のネットワーク強化／兵庫県：「子育て応援ネット」の推進、大分県：「地域に根ざした子育て支援ネットワークづくり」事業
・企業との協働／埼玉県：「パパ・ママ応援ショップ」事業（子育て家庭の優待制度）、兵庫県：事業所内保育施設整備推進事業
・啓発・教育／7）で事例を紹介している。

- 放課後児童育成／栃木県：放課後児童クラブの設置
- 経済的支援／秋田県：「すこやか子育て支援」事業（保育料等の助成を行う市町村に経費の半額を助成）、兵庫県：多子世帯保育料軽減事業
- 訪問型子育て支援／茨城県：健診未受診児への全戸訪問（1歳までに）、三重県：「健やか親子支援」事業（心身の発達に問題を抱える子とその家族の支援のため保健師による家庭訪問）、大分県：「訪問型子育て支援」（子育て支援員の派遣）栃木県、滋賀県、奈良県、高知県、熊本県、島根県、沖縄県：乳児家庭全戸訪問事業、養育支援事業

7）虐待者については、実母が52.4%と最も多いが、次いで実父が34.5%と決して無視できない数字となっている（平成26年度児童相談所における児童虐待相談対応件数の内訳）。筆者の旧著によると、平成17年度では実母が61.1%、実父が23.1%で（井上、2005：59）、約10年間に実母の割合が8.7%減少し、実父の割合が11.4%増加している。この背景には子育てへの父親参加は進んだが、乳幼児とはどのようなものか、どのように扱えば良いのか等子育てについての知識も技術も知らないまま、やみくもに育児参加が行われている実態が浮かび上がってくる。「泣き止まないので強く揺すぶった」「泣き止まないので頭を強くたたいた」等の事例はメディア等で多く目にする。若く初めて子育てを行う両親、とりわけ父親への広報・啓発・研修を実効あるものにする必要がある。既存の事業としては、岐阜県の「ぎふイクメンプロジェクト」、「父子手帳」、大分県の「男性の子育て参加の向上をはかる」事業（「パパも子育て応援日」の設定等）、秋田県の「お父さんの育児参加応援」事業、兵庫県の「父親の子育て参画推進事業」等がある。

第Ⅵ章　少年による家庭内暴力発生のダイナミクスと有効な支援

Ⅵ-1　入れ子型エコロジカル理論から見た少年による家庭内暴力

　少年による家庭内暴力（adolescent-to-parent abuse）については、海外でも多くの研究がある。これらの研究の中でも、先駆的かつ有益なものとしてしばしば言及されるのが、B. Cottrell と P. Monk の論文 "Adolescent-to-Parent Abuse"（2004：1072-1095）である。この論文は先に紹介した入れ子型エコロジカル理論に基づいて書かれており、筆者による平成22～23年調査および平成28年調査の結果を分析する枠組みとして、まず概観したい。

　この研究のベースになったのは、カナダ国内で行われた二つの調査である。1番目は、B. コットレルと M-A. フィンレイソンがカナダ保健省から研究補助金を得て、1995年から1996年にかけてノーヴァ・スコティアで実施した調査である（Health Canada, 2001）。この調査は、子どもの家庭内暴力の対象となった34人の親達への半構造化されたインタビュー調査、および11人の親達による焦点化されたグループ討論（focus-group discussion）、さらに家庭内暴力を行った39人の若者による焦点化されたグループ討論、これらに加えて29人の福祉行政職員による焦点化されたグループ討論と5人の職員に対するインタビュー調査から成っている。2番目は P. モンクが1997年にブリティッシュ・コロンビア大学における卒業研究の一部として行った調査である。この調査もコットレルらの調査と同様、複数の調査から構成されている。その1が、21人のコミュニティ・カウンセラーによる焦点化されたグループ討論、その2が子による家庭内暴力を経験した7人の親達に対する半構造化されたインタビュー調査、その3が自らが家庭内暴力を行った5人の若者に対する半構造化されたインタビュー調査であった。

　これらの調査結果を分析することによりコットレルとモンクは、入れ子型エコロジカル理論が支持されることを見出した。つまり暴力の発生に関わる要因は、

マクロ・システム（ジェンダー不平等、メディアにおける暴力の捉え方等）、外システム（貧困、家族にかかるストレス、仲間集団のネガティブな影響、社会的サポートの欠如等）、ミクロ・システム（否定的な、あるいは有効でない子育てのスタイル、両親における葛藤等）、個体発生的要因（アタッチメントの低さ、精神保健的な問題、ドラッグやアルコールの乱用、子ども時代の被虐待経験等）のいずれかに分類され、また相互に影響し合うのである。以下で、コットレルとモンクが特に注目しているいくつかの要因について見ていくことにしたい。

①「男性的」な力への社会化

少年の家庭内暴力は、「男らしさ」のステレオ・タイプをその役割モデルとして影響を受けていることが、関係者から指摘されている。「男らしさ」のステレオ・タイプは、少年に対して力の使用を促し、他人をコントロールすることを促す。これに対して少女の場合は、いささかパラドキシカルである。少女における暴力は、彼女に押し付けられる「女らしさの理想像」から距離を置くために用いられる。さらには社会で進行している伝統的な女らしさの変化は、力に満ちた男性的イメージを女性が具現化するところにまで行き着く。映画やテレビには、対人的な葛藤状況の中で極度の暴力を用いる女性が登場することもままある。

このような「男らしさ」のステレオ・タイプによる社会化は、家庭内暴力の対象の選択にも影響を与える。彼らが行った福祉職員に対するインタビューで明らかになったことは、少年の家庭内暴力の主要な対象は、実の母親や継母ら女性たちだということである。少年は「男性的」な力の社会化の中で、「男が女をコントロールし支配するのは、世の中で受け入れられている」ことを学ぶ。少女の場合は、母親を弱く無力な存在と見なし、暴力を振うことは、「女性的な弱さ」から自分が逃れる方法と見なされる。

少年・少女にとって父親は強く威嚇的であると見なされるため、暴力の対象となりにくく、また父親は子育てにほとんどタッチしていない。そのため、母親・継母は暴力を振おうとする若者の身近にいつもいて、ターゲットになりやすいのである。この要因は、価値・規範に関わり、マクロ・システムに属するものである。

②先行する暴力への反応としての少年による家庭内暴力

　少年の家庭内暴力の発生に関わる要因として次にあげられるのは、その家族における女性に対する暴力の歴史である。家庭内暴力の加害少年は、子ども時代にしばしば父親が妻（すなわち母親）あるいはパートナーに対して暴力をふるうのを目撃している。暴力的な父親あるいはパートナーが家を離れるや否や、少年は母親に暴力を振い始めるというのが共通して見られるパターンである。彼のこの行為は、男性的役割モデル、虐待者の理想化、また家族を父親の暴力から守ることができなかった母親への怒りの混ざったものに影響を受けていると思われる。

　また加害少年自身が子ども時代に身体的虐待を受けていたことも見出された。このような家庭では、少年が成長してしだいに身体的な力が強くなり、自分が受けた虐待に対して復讐を実行したいという欲望にかられると家庭内暴力が始まる。この子ども時代における被虐待経験と後の報復というパターンにおいては、少年の暴力行為は彼らの親達を直接の役割モデルとしているのである。

　これよりは少なくなるが、少年の暴力が虐待を行わなかった方の親に向かうことがある。これは、彼らを暴力から保護してくれなかったことへの怒りの表現である。

　インタビューの中で多くの少女達が、父親あるいは継父から性的虐待を受けたことを明らかにした。長期にわたる性的虐待のあと、自己防衛の必要からあるいは虐待者への激しい怒りにかられて、少女たちの暴力は始まった。場合によっては、他のきょうだいが同じように性的虐待を受けることから守るために彼女たちの暴力は振るわれた。少女たちの場合も、加害者でない母親に暴力が向けられることがあった。それは「虐待とはどういうことか」を母親に教えるための象徴的な試みであり、守ってくれなかった母親へのへの強い怒りと恨みを表現する手段であった。

　家庭内暴力を行う少年・少女は、子ども時代に心理的虐待とネグレクトを受けたとしばしば語った。このような環境で育った子ども達は、否定的な自己認識を内在化ており（筆者註：たとえば「出来が悪い」「劣った」と言われ続けた子どもたちが、やがてみずからをそのように考えるようになる）、また親達に対してはアタッチメントが乏しく、彼らに押し付けられた否定的な役割（筆者註：たとえば「出来の悪い子」「劣った子」というような）を行為化（アクト・アウト）

してしまう。これらの少年・少女たちは常にヴァルネラビリティ（傷つきやすさ、弱さ。Ⅰ-4 ①参照）と孤立を感じているので、彼らの暴力は親達への怒りの表現であるとともに、時として情緒的絆を作り出そうとする試みなのである。コットレルとモンクは、彼らの論文の中で調査で語られた言葉を紹介している。

「だれも私の言葉を聞いてくれない、耳を傾けてくれないと感じた。まるで私が大きな幽霊か何かのようにね。だから私が親達に怒りをぶつける理由は、主にこれだったのよ」（加害少女）

「彼らが闘い暴力を振っている時、それが彼らの親密性の表現なのです。そして彼らがコミュニケーションしている数少ない機会の一つなのです」（支援サービス員）

（Cottrell & Monk, 2004：1084）

この要因は、家族メンバー間の相互作用に関わり、ミクロ・システムに属するものである。

③子育てのスタイルと家族内ダイナミクス

家庭内暴力が発生する家庭に共通するパターンは、両親が過度に子どもをコントロールしようとすることである。子どもが幼い時期は、このような親達は彼らの子育ての方法が「有効だ」と思っている。というのも子どもは親が設けた厳しいルールを忠実に守っているからである。しかし、こどもが成長し次第に自立したいというニーズが高まってくると、家庭内の緊張が次第に表面化してくる。子どもの自立へのニーズによって、親達の側の厳格なコントロールを維持し同じレベルに保とうとする反応を引き出すからである。親子の葛藤が強まってくると、子どもは自分の人生における力の感覚を得るために親に対し暴力を振うようになる。再びコットレルとモンクの論文から、調査の中で語られた言葉を引用したい。

「家族の子育てスタイルには、子どもが幼い時はそれほど問題にはならないが、思春期になると役に立たず、むしろ逆機能的になるものがあります」（支援サービス員）

（Cottrell & Monk, 2004：1084）

これと反対に、あまりにも受容的な子育てスタイルもまた、子どもの家庭内暴力を発生させる一因になる。この子育てスタイルはしばしば親子間の力関係の逆

転につながり、その中で子どもは自分の否定的な行為（暴力）が否定的な結果を上回る報酬（たとえば親を意のままに動かせる等）を生み出すことについての損得計算を行っている。

　また子育てスタイルについて両親の間で対立があり、それをめぐって両親がケンカばかりしているような状況からも子の家庭内暴力が発生する。このような状況の中で育った少年・少女の反応は、二通りに分かれる。一つは、少年・少女が「厳格」な方の親に対する恨みをつのらせ対立を深めると、より「受容的」な親は陰に陽にそれを支持するというダイナミクスである。またもう一つは、少年・少女が家庭内暴力を、より受容的な親を脅したり、威嚇したりする手段として用い、厳格な方の親が定めたルールや制限を変えさせたりする。どちらの場合も、子の家庭内暴力は、両親の関係に潜在する問題の一つの徴候と見なされる。この暴力が継続すると両親間の対立はさらに深まり、相互にさらに疎遠になり、家庭内暴力に有効に対処する能力を失っていく。

　配偶者暴力にも共通してみられるパターンは、加害者における「ハネムーン期」が存在するというものであり、この時期には加害者は激しく後悔し、行いを改善し、二度と暴力を振るわないと誓う。少年の家庭内暴力についても、この「ハネムーン期」が存在すると語る親達がいる。しかし多くの場合、深い後悔ではなく、自分の行為を正当化しているだけに見える。さらに興味深いのは、インタビュー調査において多くの少年・少女が、彼らの内部の複雑なダイナミクスを明らかにしていることである。彼らは自分たちの行為に強い後悔を抱くのであるが、それを撤回し、かわりに両親に強い怒りをぶつける。後悔というのは情緒的な弱さと感じられ、それを補うために両親に怒りをぶつけるのである。インタビュー調査の中で、ある少女はこう語っている

　「罪の意識を感じると、余計に怒り狂った。罪の意識なんか感じたくなかったから。そしてすぐ頭にきて怒り狂う気性になったわ」（加害少女）（Cottrell & Monk, 2004：1086）

　この要因は家族メンバー間の相互作用に関わり、ミクロ・システムに属するものである。

④貧困と貧困関連のストレッサー

　家族の貧困の経験は、家庭内暴力のポテンシャルを高めることが明らかにされた。社会経済的に低階層の家庭で生まれ育った少年・少女は、彼らの利害関係に関わるような活動に参加できる機会に乏しく、この全般的な機会の欠乏は欲求不満と怒りと恨みを生み、それらは両親に向けられる。しかし貧困の影響は家庭内暴力の重要な要因であるが、また一方で家庭内暴力は決して特定の階級に限定される現象ではないとされる。

　家庭内暴力が発生する家族はしばしば高レベルのストレスにさらされている。たとえば単親世帯では、経済問題、子育て、さらに社会的孤立からくるプレッシャーと闘っている。このことはしばしば家庭内の緊張と対立を高めるが、親はこのような対立状況に有効に立ち向かうためのエネルギーも残っていないというのが典型的な事態である。このような環境のもとで、少年・少女は疎外され孤立していると感じ、欲求不満と怒りを表現する手段として家庭内暴力を行うことになる。この要因は、社会・経済的状況にかかわり、外システムに属するものである。

⑤精神保健的問題

　少年・少女の家庭内暴力はしばしば精神保健的な問題と関連があり、DSM-Ⅳによって何らかの診断を受けた事例が、調査においていろいろ語られている。統合失調症や双極性障害がいくつかの事例において見られた。またその他にもADHDや反応性愛着障害、反社会的行為障害、学習障害等も含まれていた。精神保健的問題と家庭内暴力との因果関係はいまだに明らかではないが、これらの少年・少女は感情の規制、衝動コントロール、対人関係スキルに問題がある。このことにより、少年・少女と両親との間の対立の可能性が高まってくることは重要で、暴力発生のパターンの展開となりやすい。

　いくつかの事例では親の側の精神保健的問題が、家庭内暴力発生に影響を与えていることを記しておかねばならない。このような場合には、少年少女は養護者の役割を果たさねばならず、このため親に恨みを抱き、思春期を通じて自立欲求をめぐる対立・葛藤が増加してくる。

⑥物質乱用の影響

　アルコールや薬物の使用はしばしば少年・少女の家庭内暴力と結びついている。先に紹介したコットレルとフィンレイソンの研究では、子の家庭内暴力を受けた半分以上の親が併存する問題として物質乱用が存在することを認めている。少年・少女の物質乱用は彼らの行為や、学業成績、仲間関係に変化をもたらし、このことが家族内での対立・葛藤を増加させる。少年・少女自身は彼らがドラッグで「ハイ」になったり、あるいは「ハイ」な状態からもとに戻ったりした時に家庭内暴力に走ることを認めているが、多くの場合は、物質乱用をめぐる親子喧嘩のなかで暴力が発生している。

　「俺はもう一度ハイになる前に、まったりして眠りたいだけなんだ。このドラッグが切れた状態の時は、すごくイライラしてきれやすくなっている。だからちょっとしたことでも、暴力が爆発するんだ」（加害少年）（Cottrell & Monk, 2004：1087）

　「両親が子どもをコントロールして、ドラッグやアルコールをやめさせようとすればするほど、かえって子どもの暴力を導き出してしまいます」（支援サービス職員）（Cottrell & Monk, 2004：1087）

　これらのケースでは、少年・少女の物質乱用が家庭内暴力の主要な原因のように言われることが多いが、より深層の家族における薬物乱用の歴史や家族内対立・葛藤の一つの徴候と見なせる場合もある。いくつかのケースでは、家庭内暴力の犠牲となった親達が薬物を乱用していたり、またこのことが家族の逆機能を増加させていたりする。さらに少年・少女の物質乱用は、精神保健的な困難と共存していることが多い。いわゆる「二重診断」の問題である。

⑦仲間の影響と学校の役割

　家庭内暴力に対する仲間の影響も指摘されている。影響の受け方はいろいろである。第一に仲間からいじめを受けた少年・少女は、安全な状況の中で怒りを表現し、無力感を補う手段として両親に暴力を振う（置き換え）。第二に仲間グループの中には、暴力は権力とコントロールを獲得する有効な戦略であることをモデルとして示すものがある。このグループで学習した行為は、親子関係の中で用い

られる。最後に、少年・少女が仲間グループと一緒に多くの禁止された行為（物質乱用、盗み、無断欠席等）を行うことにより、親達はより厳しいルールを設けようと試み、このことが家族内での権力闘争に発展するということが挙げられる。

家庭内暴力を振う少年・少女の中には、過去の学校生活において学業成績面や行動面で問題があった者もいる。「学校システムにおける失敗」という子ども時代の経験により、少年・少女は彼らに貼りつけられた否定的なレッテルを内在化するが、この中には否定的なあるいは関心を惹こうとする行為を用いることが含まれ、その頻度はしだいに高くなってくる。このようにして反社会的行動（物質乱用、犯罪、暴力等）にどんどん深入りして行き、そのことがまた、家族内における対立・葛藤と家庭内暴力発生の可能性を高めていくのである。

「失敗の経験は、少年・少女を今までとは違うライフ・スタイルや社会集団の中へ追いやっていきます。それ（失敗の経験）は、彼らが違ったふうに振舞う今までとは違ったシナリオを作り出すのです」（支援サービス職員）（Cottrell & Monk, 2004：1088）。

⑧家族の秘密の維持

家庭内暴力は秘密の分厚いベールに包まれていることが指摘されているが、これにはいくつかの要因が関わっている。その一として、親達に共通しているのは当初、問題そのものの存在を否定することであり、彼らは自分たちが犠牲者であるにも関わらず自分たち自身を責めるのである。その二は、家族への忠実さにより、親達は家庭内暴力のことを他人に明かすのを思いとどまる。他人に明かすことが自分の子どもにもたらすだろう結果を恐れるからである。最後に、彼らに対する暴力がさらにエスカレートするのを恐れるあまり、自分たちの置かれている状況を他人に明かすのをためらう親達がいる。これは過去の実際の経験に基づく場合もあるし、また言葉による子どもの脅しによる場合もある。

「私は親御さんたちに警察を呼ぶようにアドバイスするのですが、彼らは警察を呼ばないことが多いのです。『そんなことはしたくない。彼は私の息子なのだから』と言ってね」
（支援サービス員）（Cottrell & Monk, 2004：1089）。

Ⅵ-2 「少年による家庭内暴力調査」平成22〜23年、平成28年調査の結果と分析

　筆者は平成22〜23年と平成28年に、全国の都道府県警察本部少年課および少年の家庭内暴力に取り組み相談・支援活動を行っている民間団体に対して質問紙調査を実施した。二つの調査の概要は次のとおりである。

平成22〜23年調査（科学研究費助成事業助成金　基盤研究（C）平成20〜22年度、研究課題名「家庭内暴力発生のダイナミクスと有効な対応」による）

　平成22年4月、全国の都道府県警察本部少年課に「少年による家庭内暴力についての質問紙調査」を実施し、32道府県警察本部から回答を得、回収率は68.1％であった。質問内容は暴力の実態、家族の状況、親子関係の特性、少年の性格特性、少年相談・補導活動の方針、である。

　また平成23年1月、少年による家庭内暴力に取り組み、相談・支援活動を行っている全国の民間団体から65団体を無作為抽出し、暴力の実態、家族の状況、親子関係の特性、少年の性格特性、助言・指導の方針、について質問紙調査を実施し、16団体から回答を得た。回収率は24.6％であった。

平成28年調査（科学研究費助成事業助成金　基盤研究（C）平成26〜28年度、研究課題名「青少年の家庭内暴力に対する民間団体の取組と家族への支援」による）

　平成28年6月、少年の家庭内暴力に取り組み相談・支援活動を行っている全国の民間団体から64団体を無作為抽出し、相談件数、暴力の実態、両親の属性、少年の性格特性、家族内関係、助言・指導の方針とその受け止められ方、について質問紙調査を実施した。11団体から回答を得、回収率は17.2％であったが、回収された質問紙のうち過去5年間取扱い事例が無いと答えたものが6部あった。したがって有効回答数は5部で、有効回答率は7.8％と極めて低いものとなった。平成28年1月の調査における質問紙送付先は平成23年1月の調査の質問紙送付先と同じであり、平成23年1月の調査の際は回収率24.6％で、そのすべてが有効回答であったことから平成28年調査との差が歴然としている。また平成28年調査では、団体の所在そのものが不明で返送されてきた質問紙も多かった。このような

実態から家庭内暴力に取り組み相談・支援活動を行っている民間団体の実態とその機能について、科研費の当初の研究課題と異なる角度から更なる検討が必要であることが明らかになった。

民間団体に対する質問紙調査の有効回答率が低く、調査結果の代表性が疑問視されることから、当初の計画には無かったが、全国の都道府県警察本部少年課に対して平成28年11月に質問紙調査を実施した。テーマは民間団体と同じく「少年による家庭内暴力の現状と有効な対応」であり、相談件数、暴力の実態、両親の属性、少年の性格特性、家族内関係、相談・指導の方針、であった。発送数47部に対し、回収数は29部で回収率は61.7％であった。そのうちデータを集計せず等の理由で無回答が11部あったので、有効回答率は38.3％であった。

①平成22～23年調査

質問項目のうち、相談件数、暴力を行った少年の学職別内訳、家庭内暴力の対象、家庭内暴力の原因、動機については、第Ⅰ章、Ⅰ-3、②で述べたので省略する。ここでは、残る質問項目のうち「家庭内暴力の類型別件数」についてまず見ていくことにしたい。そのあとで、家族の状況（職業、両親の学歴、両親の性格傾向）、親子関係の特徴、少年の性格特性、助言・指導の方針、助言・指導が家族にもたらした変化、の5項目の質問に対する回答（「両親の性格傾向」から「助言・指導が家族にもたらした変化」までの質問に対する回答は自由記述）を、先に紹介した「入れ子型エコロジカル理論」の枠組みを用いて分類する。それにより、少年の暴力発生に関わる要因の所在を明らかにし、それへの対応を検討する。また、これらについて、調査対象である都道府県警察本部少年課と民間団体とに分けて、それぞれ別個に分析・検討する。このやり方は重複的、非効率的と思われるかもしれないが、両者の回答の傾向が異なっており、後で述べるように民間団体に相談するか、警察に相談するかは家庭内暴力が発生してからの期間、また家庭内暴力類型、少年の性格特性等によって異なると思われるからである。

A 都道府県警察本部少年課に対する調査（平成22年4月）
家庭内暴力の類型別認知件数

圧倒的に多いのが「家庭内暴力のみ」で194件、続いて「家庭内暴力＋不登校・

引きこもり」が54件、「家庭内暴力＋不良行為・非行」が12件、「家庭内暴力＋登校拒否＋不良行為・非行」が1件となっており、少年の家庭内暴力は非行とは独立的な現象であることがわかる。

入れ子型エコロジカル理論による暴力発生の諸要因の分類とそれへの対応

〈マクロ・システム〉（全体社会の価値が家族内にとりこまれ、影響を与える〉
・厳格主義
・高学歴志向、教育熱心

〈外システム〉（家族の社会構造的位置〉
・単親家族で親は仕事に忙殺され子との対話が少なく、代償として子の欲しがるものを買い与える。
・社会的孤立

〈ミクロ・システム〉（家族内相互作用のパターン〉
・子は親を監視・支配し、気に入らないことがあると謝るまで暴力を振う。
・親は子に遠慮して気を遣い、緊張感がある。
・親から子どもへの期待が大きく、親自身が手に入れることができなかったものを子に対して期待する。
・両親が共働きで祖父母が子育てにあたった場合、甘やかす傾向がある。
・片方の親に子育ての比重が偏っている。
・保護者が監護能力に欠ける。極端な放任。

〈個体発生的要因〉（少年の性格特性等〉
・親への反発心が強い（自立心旺盛とも言える）。
・親より友人優先
・親との対話に乏しく、その一方で甘やかされてわがままであり、思う通りにならないと家族にあたる。
・幼稚、衝動的、短絡的、刹那的
・少年なりの家族に対する不満が爆発。

〈助言・指導の方針〉
親に対して
・自責感の軽減：自分の家族だけと考えて自責傾向が強いので、どの家族にも起こり得ることと説明し心の負担を軽減する。
・子どもへの共感的アプローチ：子どもと対話し、気持ちを理解する。子どもが興味を持つことに打ち込めるように、その継続を見守るように指導。
・危険の回避：危険だと感じたら避難したり助けを求め暴力を回避、またそのための避難場所を確保するように指導する。暴力には毅然とした態度で臨み、時には110番通報も必要と指導する。

少年に対して
・暴力は犯罪であり、法律に照らして自分自身の行為を考えるように指導する。
・暴力の意味づけを変化させる。

両者に対して
・暴力場面を親子別々に詳細に振り返る。
・暴力のきっかけになる出来事について、それぞれに回避方法を考える。
・親子間コミュニケーションの癖（パターン、筆者註）について一緒に考える。
・非行性、要保護性、家庭環境も考慮の上、事件化や児童相談所通告も行う。
・児童虐待の潜在にも配慮する。
・保護者や少年への継続的な支援が必要な時は、少年サポートセンターにつなげる。

家族にもたらした変化
・保護者にとって「困った子ども」が「困っている子ども」となり、保護者との関係が正常化し穏やかになるにつれ、子どもの衝動性は影をひそめる。
・第三者が介入することで、子どもに社会性が培われる。
・保護者が関係機関との連携を形成し、強化できる。

B 家庭内暴力に取り組み相談・支援活動を行っている民間団体調査（平成23年1月）

家庭内暴力の類型別相談件数
都道府県警本部少年課調査で最も多かったのは「家庭内暴力のみ」であったが、民間団体調査では最も多かったのは「家庭内暴力＋不登校・引きこもり」で146件、

続いて「家庭内暴力＋不良行為・非行」が50件、「家庭内暴力＋登校拒否＋不良行為・非行」が39件、最も少なかったのが「家庭内暴力のみ」で8件であった。「家庭内暴力のみ」の件数が、都道府県警察本部少年課と民間団体とでは対照的であるが、相談先としての性格の違い、相談者から期待される役割の違いが影響を及ぼしていると考えられる。

入れ子型エコロジカル理論による暴力発生の諸要因の分類とそれへの対応
〈マクロ・システム〉
・学歴主義
・エリート志向
・世間体を気にする
・本音と建て前の分離。

〈外システム〉
・父親の職業は専門管理職が多い。
・両親の学歴は四年制大学、短大卒が多い。
・父親の社会的地位が高く仕事熱心で、子育ては母親任せが多い。

〈ミクロ・システム〉
・親が子どもの性格を把握できず、一方的に厳しい躾を行う。
・思い込みが激しく、感情・情緒面で未発達、かつ自意識過剰な親。
・子どもと距離を置く父親と過度に干渉的な母親。
・父親との関係性は薄いかあるいは子が父親に極端に服従している。
・子どもの暴力を両親のどちらかが庇護、傍観、あるいは回避している。
・「良い親」演技をしている。
・両親が不仲であり、表面的には円満でも内面的には相互に不満・不信を抱いている。
・基本的な生活習慣、秩序が保たれていない。

〈個体発生的要因〉（少年の性格特性等）
・子どもが、親・保護者におけるドメスティック・バイオレンスを目撃した。

・子どもに被虐待経験がある。
・アタッチメントの不足。家族に愛されているという実感が無い。家族により存在を無視される。
・自己肯定感が低い、自信が無い。自立と依存のはざまで揺れている。
・対人関係を嫌う。内向的。
・いじめによるひどい暴力を受けたことがある。自分を守る方法が見つからない。
・暴力は残念さ、悲しみの表現である。言葉によって表現できないと暴力に訴える。
・動物や幼児には優しい。
・「良い子」を演じるストレスが高まって、暴発してしまう。

〈助言・指導の方針〉
・少年に対して仕事、運動等で外部の人との接点を見出すように勧める。
・色々な問題を抱えた人との共同生活を体験させる。
・少年本人が望むことに出会えるように援助する。
・両親が互いの考えや意見を一致させていくような話し合いを持たせる。
・親と子の両方に対して「自分は何を考え、何を感じ、何を欲しているか」そして「考え感じ欲している自分はいったい誰なのか」という問いかけを行い、自らその答えを引き出してもらう。
・家族の歴史を振り返り（過去に遡って問題点を抽出）、それらの問題点の改善をはかる。

〈助言・指導が家族にもたらした変化〉
・親だけが悪いとか育て方が問題だったという指摘は、親としての自信を失わせてしまう。親の気持ちの支えが大事である。
・親との話し合いの中で、親がしだいに子どもを受け止め、子どもを攻撃的に責めないようにする。
・逃げ場を無くすことで子どもを親が設定した枠内にもっていく、ということがない親の姿勢を培っていく。
・親子双方が十分に自己認知を行うことで、相手（子あるいは親）への気づき、

驚き、敬意、すなわち正常な人間における基本的態度が培われる。

C 総合的考察
少年の家庭内暴力と非行との結びつきは弱い

　暴力という見かけ上の類似から、少年の家庭内暴力と非行との結びつきが予測されやすいが、都道府県警察本部少年課調査と少年の家庭内暴力に取り組み相談・支援活動を行っている民間団体に対する調査とのいずれにおいても、少年の家庭内暴力と非行との結びつきは弱く、原因・動機別件数からしつけあるいは勉強の強制との結びつきが強い。家族に浸透している全体社会の価値観として高学歴志向、エリート志向が顕著であり、子育てに無関心な父親は暗黙のうちにこの価値の体現者となり、日常的に干渉する母親は饒舌な言葉による価値の伝達者となる。暴力を発動する以前の少年は、内向的で自己肯定感が低く、見かけ上は親の言葉に従う「良い子」である。しかし思春期になり自立欲求が高まってくると、従来からの親による支配という力関係の逆転の手段としての暴力の有効性が「発見」される。民間団体に対する調査への回答の中にも、「（子どもは）自分を守る方法が見つからない」、「暴力は残念さ、悲しみの表現である」という印象的な言葉があった。

暴力の対象となるのは母親が多い

　暴力の対象となるのはいずれの調査においても母親が多いが、民間団体調査では同居親族（おそらく祖父母）が最も多くなっている。数値を挙げると「同居の親族」が107件、「母親」が81件、「家財等の物」が16件、「兄妹姉妹」が10件、「父親」が9件、「その他」が2件であった（平成22年度）。祖父母あるいは母親は身体的には弱いが、少年にとっては一定の権力を持つ存在であり、慣習的な価値観に基づいて日常的に過剰なまでに干渉し支配しようとする。少年の暴力は彼らの身体的な弱さ（ヴァルネラビリティ）を狙ったものであると同時に、彼らによる支配という力関係を逆転しようとするものである。また母親に対する暴力は、「男性的な力」を称揚し、女性に対する暴力に寛容な全体社会の文化の影響を受けていることが考えられる。

警察に対する相談と民間団体に対する相談との相違

都道府県警察本部少年課調査では、「家庭内暴力の学職別認知件数」において、「中学生」が圧倒的に多く259件、続いて「高校生」が197件、「無職少年」が77件、「有職少年」が33件、「小学生」が26件、「その他」が10件、「浪人生」が０件であった（平成21年度）。「家庭内暴力の類型別認知件数」では、先に述べたように「家庭内暴力のみ」が圧倒的に多かったので、中学生で家庭内暴力のみのケースが多かったことになる。

一方民間団体調査では、「家庭内暴力の学職別件数」において、「無職少年」が94件、「浪人生」が62件、「高校生」が11件、「中学生」が６件、「その他」が３件、「有職少年」、「小学生」がともに０件であった。また家庭内暴力の類型別件数では先に述べたように、「家庭内暴力＋不登校・引きこもり」が圧倒的に多かったので、無職少年、浪人生で家庭内暴力＋不登校・引きこもりのケースが多かったことになり、長期間家庭内で悩んだ末の相談であろうと推測される。このように、少年の家庭内暴力のケースに応じて、多様な相談機関を整備することが必要であろう。

入れ子型エコロジカル理論のシステム間の相互作用に注目

少年の家庭内暴力発生の諸要因は、個体発生的なものからミクロ・システムに属するもの、外システムに属するもの、マクロ・システムに属するものに分類される。これらの諸システムが入れ子状になっていることから、諸システムの相互作用を考慮する必要がある。たとえばミクロ・システムに属する要因（親子間の支配・服従関係、コミュニケーションの欠如等）をミクロ・システム内のみで解決しようとせず、外システムへの介入（孤立した家族への支援者の訪問や関係機関との連携の形成）、マクロ・システムへの介入（両親と子ども双方においてかれらが準拠する価値観の見直し）においても解決を図ることが重要である。とりわけマクロ・システムの要因（文化、価値・規範、具体的には調査の回答にあがっていたような高学歴志向、エリート志向、またジェンダー差別的文化等）への取組は従来手薄であったので、今後強化する必要がある。

②平成28年調査

A 都道府県警察本部少年課調査（平成28年11月）

　相談件数、少年の学職別認知件数、家庭内暴力の類型別認知件数、家庭内暴力の対象、家庭内暴力の原因・動機については、警察庁生活安全局少年課より刊行されている『平成27年中における少年の補導及び保護の状況』において質問紙と同一項目についての全国統計があることから、回答を省略する旨、警察庁から連絡があった。したがってここでは、両親の属性、少年の性格特性、家族内関係、助言・指導の方針およびその受け止められ方、の質問項目への回答を、入れ子型エコロジカル理論枠組で分類し、それらへの対応を見ていくことにする。またこの調査においては平成22～23年度調査からの経時的変化にも注目する。

入れ子型エコロジカル理論による暴力発生の諸要因の分類とそれへの対応

〈マクロ・システム〉
対応する記述なし。

〈外システム〉
・両親の職業（記述の無い回答が多く、記述のあったもののみを集計した。）
　父親／専門管理：2人、事務販売：1人
　母親／無職：7人、専門管理：2人、事務・販売：2人
・両親の学歴（記述の無い回答が多く、記述のあったもののみを集計した。父親の学歴については記述なし。）
　母親／高校：2人、専門学校：2人

〈ミクロ・システム〉
・父子関係／父親は暴力的か逆に弱く、いずれの場合も子は父を尊敬しない。支配―服従関係。父親は子どもに関心が薄く、距離がある。
・母子関係／密着と反発の両極性。共依存。放任・養育能力が低い。
・きょうだい関係／一人っ子、もしくは長男。年長の子が年少の子の世話ができず暴力的。
・夫婦関係／支配―服従関係。不仲。コミュニケーションが少ない。子育てに

ついての協力体制ができていない。ＤＶが存在する。両方あるいはいずれかに離婚歴がある。父親が単身赴任している。

〈個体発生的要因〉
・父親／暴力的に他人をコントロールしようとする。厳格。他罰的。子どもと関わろうとしない。依存的。ギャンブル好き。
・母親／過保護・過干渉。自己中心的・他人の気持がくみ取れない。アタッチメント障害。夫にコントロールされている。依存的。優柔不断。放任。子に対して自責感がある。離婚を重ねている。
・少年／男女の差無く、家庭内暴力は年々増加（一方で非行相談の減少）。同世代との対人関係・集団適応が困難。感情自己認知・感情表現が困難。幼いころから親のアルコール乱用、体罰に耐えてきたが、思春期で爆発。幼い頃から過剰な期待を受け、何らかのきっかけで不登校・引きこもりとなり、責められて暴力を振う。DV等家庭内に既に暴力が存在する。父親から暴力を学習する。過保護・甘やかされ自己抑制力が弱い。自閉症スペクトラム等の発達障害。統合失調症等何らかの精神病理。

〈助言・指導の方針〉
①緊急時の対応に関する具体的助言・指導
　・暴力のエスカレート性を説き、「警察を呼ぶ」ラインを明示する。
　・緊急時必ず110番するように指示する。
　・母親の安全保持・緊急避難先の確保。
　・「タイム・アウト」の約束をし、煮詰まって暴力が生じそうなら親あるいは少年あるいは両者が一時的に外に出る。
②事件化か？親子分離か？継続指導か？
　・家庭訪問、警察への招致、少年および保護者との面接、学校等関係機関との情報共有等により、助言・指導を行う（場合によっては継続的）。
　・相談による対応で可能な状況かどうかを判断する。
　・親子分離が必要かあるいは継続的指導でよいのかを判断する。
　・少年サポートセンターで長期的な関わりを行う。
③関係諸機関との連携

・児童相談所、市、学校等関係諸機関と相談し、連携する。
・少年の発達障害、親の精神病理等については医療機関、学校等と連携する。
・相談者が転居した場合、相談者の居住地を管轄する警察に連絡、引き継ぎを行う。

④家族システムにおけるコミュニケーション改善への支援
・保護者に対して暴力は子どものサイン、SOSであると伝え、成育史における問題の存在を指摘する。
・少年に対して言ってはいけないこと、逆に伝えるべきメッセージについて長期的に保護者を指導する。
・少年に対しては、その怒りを代弁して保護者に伝える。場合によっては110番通報あるいは一時保護があることを少年に予告し、それは彼ないし彼女を加害者にしないための手段であることを伝える。

〈警察と民間団体との活動の対比〉
・暴力がひどく命の危険がある場合、一般に警察への通報が優先する。
・保護者は「何をどうすればよいか、自らが何を求めているのかわからない」場合が多く警察に対して「すぐに何とかしてほしい」と望むことが多い。
・警察は24時間即対応であるため、相談先として選ばれることが多い。
・一般市民は少年による家庭内暴力に対する相談・支援の民間団体についての知識が乏しく「有事の際は警察」と思っている。
・先に民間団体に相談しても「警察に相談するように」という助言を受けることがある。

B 少年の家庭内暴力に取り組み相談・支援活動を行っている民間団体調査（平成28年6月）

　先にも述べたようにこの調査においては、回収率が17.2％で、しかもそのうち少年の家庭内暴力の取り扱い事例が無いと答えたものがあり、有効回答率は7.8％と極めて低いものとなった。そのため、この調査結果の代表性は疑問視されるため数的データとしては取り扱わないが、回答、とりわけ自由記述には随所に興味深い知見がみられるので質的データとして取り扱い、入れ子型エコロジカル理論の枠組みで分類、考察するものとする。

少年の家庭内暴力の実態

平成23年の民間団体に対する調査では、「無職少年」、「浪人生」等学校との関係が切れたものがが多かったが、今回調査では「中学生」2人、「高校生」2人、「小学生」1人、「無職少年」1人で、学校に在籍しているものがほとんどであり、少年の家庭内暴力と学校との関係に変化が見られる。

家庭内暴力の類型別件数では、「家庭内暴力＋不登校・引きこもり」が4件で、非行との関連は無く、この傾向は平成23年調査と変わらない。また家庭内暴力の対象についても、今回調査では「母親」5件、「物」1件で「母親」が暴力の主要な対象であることに変わりはない。家庭内暴力の原因・動機については、「しつけ等親の態度に反発して」が2件、「理由もなく」が1件、その他が3件（うち「不登校をとがめられて」が1件）で、「非行をとがめられて」「物品の購入要求が受け入れられず」等は無く、原因・動機の面からも非行とのつながりは見られない。

入れ子型エコロジカル理論による諸要因の分類とそれへの対応

〈マクロ・システム〉

対応する記述は無かった。

〈外システム〉

・両親の職業
　父親／専門管理：3人、ブルーカラー：1人、事務：1人、自営：1人
　母親／専門管理：3人、無職：2人、事務：1人、自営：1人
・両親の学歴
　父親／四年制大学：2人、高校：1人、中学：1人
　母親／四年制大学：2人、短大：1人、高校：1人
・どちらか一方が、外国人である。

〈ミクロ・システム〉

・父子関係／疎遠である。少年は父親のことを怖い、顔を合わせたくないと思っている。少年は父親にはかなわない、完璧だと思っている。双方ともにコミュニケーションの仕方がわからない。

- 母子関係／濃密である。考え方・感じ方がかみ合わない。子どもに対して過干渉であり、きめつけを行い、少年はうっとうしいと思っている。
- きょうだい関係／無関心である。他のきょうだいが「良い子」、「優等生」である。きょうだいの存在が気に食わない。話ができない。何となくわかってくれている。
- 夫婦関係／仲が悪い。どちらか一方が我慢して諦めている。コミュニケーション・相互理解がない。浮気・不倫等、夫婦関係が破綻している。

〈個体発生的要因〉
- 父親／厳格である。真面目である。理論的である。子育てに関心が薄い。
- 母親／几帳面である。心配症である。過保護・介入的である。自らは依存的である。
- 少年／いわゆる「良い子」である。真面目である。おとなしい。反抗期が無い。コミュニケーション力が不足している。未熟・未発達である。

〈助言・指導の方針〉
- 子の暴力は親へのメッセージ、助けてのシグナルと捉え、親が子どもの気持に共感し、本人を尊重し、コミュニケーションのパターンを変化させる。
- 家族会に出席し、家族同士相互支援することを勧める。
- 少年のコミュニケーション力、表現力を高め、第三者との交流の場を増やす。
- 夫婦関係の改善をはかる。建て前的には夫優位であるが、内実は妻がコントロールし、夫は家事・育児について妻を助ける。しかしこの方法は妻よりの反発が大きい。

C 総合的考察

警察の役割の増大

前回の平成22～23年調査では、民間団体からの有効回答率は24.6％、都道府県警察本部少年課からの有効回答率は68.0％であった。それに比して今回の平成28年調査では、民間団体からの有効回答率は7.8％（回収率は17.2％）、都道府県警察本部少年課からの有効回答率は38.3％（回収率は61.7％）であった。また民間団体に対する調査では、団体の所在が不明で返送されてきた質問紙は20部にのぼ

る。これらから少年の家庭内暴力に対する相談・支援活動においての民間団体の影響力は減少したか、あるいは何らかの理由で質問紙への回答が忌避されたと考えざるを得ない。しかし欧米（特にイギリス）においての民間団体の支援活動は活発で、日本のみの減少なのか、そうであるとしたら原因は何か、さらに検討する必要があると思われる。

　一方、都道府県警察本部からの回収率、有効回答率は良好で、回答内容についても前回調査よりさらに具体的で、専門性も高まっており、少年の家庭内暴力に対する相談・支援活動における警察の占める役割は大きくなったと考えられる。

マクロ・システムにおける要因（文化、価値等）の重要性：なぜ母親が暴力の対象になるのか？

　平成22～23年、平成28年に実施した四つの調査すべてに共通していたのは、母親が暴力の対象になることが多いということであった。また両親の属性として、父親が支配的で、母親は従属的・依存的であるケースが多い等、全体社会の性差別的文化、価値・規範が家族内に浸透し、少年がその文化によって社会化され、影響を受けていると考えられる。従来の研究においては、文化、価値・規範の影響に関する考察が手薄であったが、調査において浮彫にされたその重要性に鑑み、さらに研究を深める必要がある。またそれと関連するが、少年の家庭内暴力が発生する以前から、家族内にすでに配偶者暴力あるいは体罰を含む児童虐待が存在し、少年は家族内で「暴力肯定的文化、価値・規範」についての社会化、学習を行ってきたと考えられる。

親子間の力関係の逆転

　また少年の成育歴についての記述を見れば、親の過剰な干渉・介入、有無を言わさぬ支配、または親による虐待の犠牲者であったことが多い。そのような状況に「おとなしく」、「真面目な」「良い子」として耐えてきた彼らは「自己肯定感」に乏しく「自信が無い」。思春期になって自立欲求、自我アイデンティティへの欲求が高まるなかで、親子間の力関係を逆転する手段として家庭内暴力が用いられると思われる。少年が自らの暴力に対して行う意味づけを、共感的に把握する必要がある。

第Ⅶ章　ファミリー・バイオレンスの臨床社会学

　社会問題を前にして社会学者は（と言うのが一般化しすぎであるなら、少なくとも筆者は）、社会学者として問題への取り組みに何か役立てないだろうかと考えるのが常である。そのような社会学者の「志」の一つのかたちが、「臨床社会学」である。

Ⅶ-1　臨床社会学とは何か

臨床社会学の誕生

　「臨床社会学」を定義すると「社会学的な観点から、社会学の理論を用いて危機介入（crisis intervention）や改革を行うことを目指す問題解決志向、実践志向の強い学問」（井上、2005：ⅰ）とでもなるであろうか。臨床社会学は、1920年代末から1930年代にかけて「シカゴ学派」というアメリカのシカゴ大学に拠点を置く一群の社会学者達の中から生まれてきた。周知のようにシカゴは、精肉業、鉄鋼業を中心に急速に産業化が進行した都市で、労働力需要に応えて大量の移民が流入し、インフラ整備が追いつかぬままに都市化が進行していった。そのため居住、コミュニティ生活、人種、エスニシティ等をめぐって社会問題が多発し、犯罪・非行も多かった。この多様な社会問題を研究対象とし、「参与観察（participant observation）」を研究方法としてシカゴ学派が成立した。臨床社会学はその中でも特に実践性が強く二つの「臨床の場」を拠点として活動を展開した。その一つが「児童問題相談指導クリニック（Child Guidance Clinic）」である。これは私的慈善団体のコモンウェルス基金によって1922年に創設され、1936年には全米で235ケ所を数えるまでになった機関で、当初、非行少年に対し個別的に治療・矯正を行っていたが、やがて対象は一般少年にも拡大した。日本の児童相談所は公的機関であるが、この児童問題相談指導クリニックをモデルとしている。

　もう一つは、シカゴの有名なセツルメントの「ハル・ハウス（Hull House）」

であった。セツルメント（settlement）活動は、19世紀末にイギリスのオックスフォード大学の学生によって始められたもので、福祉に欠ける地域に文字通り住み込み（settlement）、保健・衛生、医療、職業指導、生活指導、教育等の活動を行い、地域生活の向上を支援するものであった。ハル・ハウスはシカゴ大学と密接に連携し、シカゴ学派ネットワークのインフォーマル・センターの観があった。

臨床社会学がそもそもの始まりから、児童問題、少年非行と関連が強かったことは、児童虐待、少年による家庭内暴力を主要な研究対象とする筆者にとっては感銘深い。

臨床社会学の現状

合衆国労働省が出版した「職業の将来性に関するハンドブック」では、臨床社会学はアメリカ社会学において成長が見込まれる有望な領域とされている（Fritz, 1991）。さらに臨床社会学が有効性を発揮しつつある領域として、犯罪や少年非行の予防や対応、精神衛生、アルコール・薬物依存への対応、さまざまな対立・葛藤への介入、地域社会の民主的・経済的活性化等があげられている。多くの臨床社会学者は大学で教鞭をとる一方で、何らかの介入ワークに関わっている。また多くの大学の社会学部では、カリキュラムの中に臨床社会学が取り入れられている。

日本においては、1998年の日本社会学会でのシンポジウム開催以来、論文・著書等の刊行が続いたが、実践面ではどうだろうか。犯罪や少年非行への対応・抑止の分野では、臨床社会学が脚光を浴びる以前から、家庭裁判所調査官、保護観察官、法務教官等が社会学を応用して活動しており、臨床社会学の実質はすでに存在していたと言える。

またさまざまな対立・葛藤への介入については、相談、あっせん、調停、仲裁等の活動があり、筆者も大学教員として教育・研究に携わる一方で、家庭裁判所家事調停委員を13年間務めた（詳細は井上、2007を参照されたい）。2004年秋には「裁判外紛争解決手段の利用の促進に関する法律」（ADR基本法）が成立し（ADRとは、Alternative Dispute Resolution〈代替的紛争解決手段〉の略）、対立・葛藤へ介入し社会学等を活用した裁判外紛争解決が注目された。ADRはそれを運用する機関によって「司法型ADR」（民事調停、家事調停）、「行政型ADR」（公害等調整委員会、労働委員会、消費生活センター等）、民間型ADR（弁

護士仲裁センター、交通事故紛争処理センター等）に分けられるが、利用状況を見ると「司法型 ADR」突出して多い。

またアメリカと同様、臨床社会学をカリキュラムの中にとり入れている、あるいは「コース」、「領域」を設けている大学も増加しつつある。

Ⅶ-2　臨床社会学の方法論的特性とファミリー・バイオレンス研究への応用

臨床社会学の方法論的特性として、①文化的アプローチ、②臨床社会学者と問題当事者との対等な相互作用、③ミクローメゾーマクロの3次元の相互作用、④地域性、の四つを挙げることができる。それぞれについて、ファミリー・バイオレンス研究への応用という観点から見ていきたい。

①文化的アプローチ：当事者における「意味づけ」（「状況の定義」）を重視する。

臨床社会学においては、解決しようとする問題が当事者によってどのように意味づけられているか、を重視する。この背後にあるのは、アメリカの社会学者でシカゴ学派の W. I. トーマスの「状況の定義づけ（definition of the situation）」に関する有名な公理であり、「もし人がその状況を真実（リアル）であると定義づければ、その状況は結果においても真実（リアル）である」というものである（Thomas, 1928）。これを受けて同じくアメリカの社会学者の R. K. マートンが、人間の行為は客観的な状況に対しての反応というよりも、この状況に対して付与した意味への反応と言うべきであり、「一度人々が何らかの意味をその時の状況に付与すると、続いてなされる行動やその行動の結果は、この付与された意味に規定される」（Merton, 1949／森東吾ほか訳、1957：383）としている。そしてこのような事象を指して「予言の自己成就」と呼んでいる（Merton, 1949／森東吾他訳、1957：382-398）。

臨床社会学が取り組む「問題」・「危機」の解決においては、「問題」・「危機」は当事者自らが行った「状況の定義づけ」、「意味づけ」から生じていることが多く、またこの状況の定義づけに深く関係しているのは、当事者のセルフ・イメー

ジ、他者との相互作用の固定したパターンであることを、当事者が気づく必要がある。臨床社会学者はこの「気づき」を支援し、「問題」・「危機」の解決に向かえるように、あるいは自らが管理可能なように、当事者が「状況の再定義」を行うことを促す。

　たとえば筆者が行った少年の家庭内暴力に関する質問紙調査の回答に見られたように、少年にとって「暴力」が持つ意味は、「残念さ、悲しみの表現」であり、「親子間における長年の力関係の逆転」であることが多い。被害者である親達にとっての暴力の意味づけは「災難」であり「家庭生活の破壊」である。しかし、少年における暴力の意味づけに気づくことは、少年に対する認識を「困った子」から「困っている子」に変化させる。それらに基づき、親子双方における自己認識、他者認識の変化、コミュニケーション、相互作用の固定したパターンの見直しを臨床社会学者はまず支援する。これらは、ミクロ・システムに関わる要因への取組であり、他の要因への取り組みに先んじて行われる。外システムに属する社会・環境的要因、マクロ・システムに属する文化・価値的要因については、ミクロ・システムに関わる要因への取組と連携しながら、進めて行くことになるだろう。

状況の定義の変質、状況の定義の食い違い
　臨床社会学の方法論的特性としての「文化的アプローチ」における問題点の一は、「状況の定義の変質」である。再び少年の家庭内暴力を例にとると、少年が当初自らの暴力を「やむにやまれぬ自我アイデンティティの表現」あるいは「長年の力関係の逆転」と意味づけたとしても時間の経過のうちに変質が生じることがある。時間が経過すると、暴力は少年にとって「親たちを従属させ、彼らを思いのままに操って、自分の利益を実現する有効な手段」と意味づけられる場合がある。第Ⅱ章のⅡ-2で紹介した、フランスの社会学者M. ヴィヴィオルカの「表出的（expressive）暴力」と「道具的（instrumental）暴力」の2概念を用いると、少年にとっての暴力の当初の意味づけは怒りや憎しみを直接的に表現するものであり「表出的暴力」である。しかしやがて暴力によって両親を従属させ自分の思い通りに動かすようになる場合には、「道具的暴力」に変質する。このような定義の変質ともいうべき事象については、少年に自省を促す必要がある。

　文化的アプローチにおける問題点の二は、「状況の定義の食い違い」である。

臨床社会学的介入の対象が集団（たとえば家族）である場合、複数の当事者の状況の定義が食い違い、互いに真実だと言い張り修正を拒否する場合がある。筆者の家事調停委員としての経験を振り返ってもそういうケースが多かった。次に紹介するのは、筆者が家事調停を行ったケースであるが、プライバシーの保護のため細部に修正が加えてある。

　夫による子ども虐待を理由として、妻が離婚および子どもたちの親権者になることを申立てたケースである。妻は40歳代、夫は50歳代の夫婦で、中学3年生と小学2年生の娘がいる。妻の申立によると、夫は子どもが幼い時は可愛がっていたが、成長して自己主張が強くなってくると躾と称して暴力を振うようになり、髪の毛をつかんで引きづり回したり、厳冬期に戸外に立たせたりした。次女はまだ幼いということもあって可愛がっているが、成長するとこの子にも暴力を振うだろうと妻は考えている。しかし妻である自分には夫は、暴力を振ったことは無いと述べている。一方、夫の話は正反対である。虐待を行っているのはむしろ妻の方で、子どもを勉強に追い立て言葉等による心理的虐待がひどい。また妻は自分の美容等には極めて熱心であるが、子育てにはあまり関心が無い。子ども達が幼い時は父親である自分が朝食を作り保育園に送っていったのである。また妻は濫費癖があり、もし離婚した場合従来のような経済水準が維持できないので、ストレスから子ども達を虐待するのではないかと心配である、と述べた。調査官と子ども達との面接では、長女は父親に暴力を振われたと述べたが、次女は、父親は優しいのでもし両親が離婚した場合父親の方へ行っても良いが、姉とは別れたくないと語った。

　このケースの場合、問題およびそれを発生させた社会的文脈（家族内の相互作用のパターン）についての「状況の定義」が、家族メンバーの間で異なっており、またそれぞれが自分の話していることは真実だとして頑として主張を変えない。このような場合には相互に異なる状況の定義をもたらす社会的文脈が家族集団内に複数存在し、それが家族システムの全体を形成していると考えるのが自然である。このケースでは、二つの文脈が顕在的文脈と潜在的文脈を構成していると考えられた。顕在的な社会的文脈は父親による子ども達への支配と長女への暴力である。潜在的文脈は、年齢も若く美容に熱心で美しい妻と夫との間に存在する支配―服従関係である。夫が妻に暴力を振ったことが無く、妻が自由に振舞ってきたことからも推測される。そのような関係の中で発生するストレスから、夫が子

どもへの虐待を行ったと考えられる。顕在的文脈は家族における「問題」の発生因として批判されるが、この顕在的社会的文脈を発生させる潜在的文脈は不問に付されることが多い。食い違う状況の定義がいずれも真実であるとするなら、これらの併存を可能にする家族システムの在り方、すなわち複数の社会的文脈の併存を可能にする文脈同士の相互連関が検討され、適切に問題解決がはかられねばならない。

ちなみにこのケースにおいては調停が成立して夫婦は離婚し、母親が親権者となった。父親からは月々子ども達の養育費が支払われることが取り決められたが、母親の濫費癖を考慮して、子ども名義の口座を開設してそこへ振り込むこととし、銀行印は中学生である長女が保管することとなった。

②臨床社会学者と問題当事者との対等な相互作用

臨床社会学者と問題当事者との対等な相互作用は、「〜すべき」という規範的必要性からではなく実践的な必要性から求められる。すなわち臨床社会学者に必要とされるのは、当事者にとって何が問題なのかをその「状況の定義」に虚心に耳を傾けることで把握し、その問題解決に必要な理論、いわば理論の「個別形態」を当事者との対等な相互作用の中から見出していくからである。専門性を身に着けた臨床社会学者と非専門家である当事者は、「専門性」という点で対等ではない。この場合の「対等」というのは、それゆえ、問題への介入に際して臨床社会学者は自らが身に着けている社会学の理論や概念、すなわち「専門性」からいったん自由になり、「タブラ・ラーサ（白紙）」の状態で、当事者の状況の定義に耳を傾けることを意味している。

これは臨床社会学のみでなく、すべての「臨床の知」に要求される基本的かつ重要な事柄であろう。M. フーコーはヨーロッパの臨床医学に18世紀末に生じた新しい変化を取り上げた著書でこのように語っている「観察するまなざしとは、介入することを差し控えるものである。……諸体系の饒舌な論述は停止しなくてはならない」(Foucault, 1963／神谷美恵子訳、1969：152)。また精神医学と社会科学との交流を試みた H. S. サリバンは、精神科医の「形式的診断（formal diagnosis）」は、「事実（に基づく）診断（factual diagnosis）」とは異なるものであり、科学的ラベリング（レッテル貼り）に過ぎないと批判している。関連する部分を

第Ⅶ章　ファミリー・バイオレンスの臨床社会学　145

少し長くなるが引用してみる「いったん彼らがレッテルを貼りつけてしまうと職業的面子がかかってくる。彼ら面子を守るために闘い、時にはその悪い影響が患者に及んで、患者は目に見えぬほど少しずつ次第にレッテルに合う方向に動かされてゆく。偏見のこわさは、精神科医が知らず知らずのうちに〈偏見によって重要だとされているもの〉を［まず］探すようになり、この［偏見による］診断を確定する上での価値が極めて高い症状が出てくるのを待ちぼうけて、患者に関するまことに重要なデータは実にあっさりと見過ごしてしまうところにある」(Sullivan, 1973／中井久夫他訳、1986：206-207)。このように専門家による科学的ラベリングを防ぐためにも、「専門性」をいったん白紙の状態にして、当事者の状況の定義に耳を傾けるという「臨床社会学者と問題当事者との対等な相互作用」はまず、基本的な出発点となる。

③ミクローメゾーマクロの3次元の相互作用

　臨床社会学において重要なことは、分析においても介入においても社会学的でなければならないということである。そのような要請に応えるのが、方法論的特性の第3番目、「ミクローメゾーマクロの相互作用」である。アメリカの臨床社会学の論文においては「マクローミクロ連続体」(macro-micro continuum) (Bruhn & Rebach, 1996) という概念や、マクロとミクロとの「融合(syncretism)」という概念がよく用いられている。いずれも、マクロとミクロとを断絶した現象ではなく、相互に影響し合い連続した現象として見るべきということを意味している。しかし、実際にはこの考え方は、方法論としてうまく現実化されていない。たとえばJ. G. ブリューンとH. リーバックの前掲書においても、「マクローミクロ連続体」と名付けられた表が示されているが、それはマクロ次元には全体社会や国家、グローバル企業等が、メゾ次元には中規模企業や学校、地域社会、家族や仲間集団、ミクロ次元には個人が属し、それぞれの問題を臨床社会学は取り扱う、と言っているに過ぎないものである。ここで必要なのは、「3次元の相互作用はどのようになされるのか」という視点なのである。

　本書第Ⅱ章のⅡ-3で紹介した「入れ子型エコロジカル理論」は、「ミクローメゾーマクロの相互作用」という観点から、事象を分析し問題解決をはかろうとする理論であり、ファミリー・バイオレンス研究において主要理論と位置付けられ

ている（詳細については第Ⅱ章のⅡ-3を参照して戴きたい）。入れ子型エコロジカル理論においては、ファミリー・バイオレンス発生に関わる要因を、入れ子状に重なっている4つのシステムのいずれかに属するものとして分類し、その上で対応を検討する。4つのシステムとは全体社会の文化、価値・規範に関わるマクロ・システム、社会・経済的事象に関わる外システム、家族内相互作用に関わるミクロ・システム、個人的特性や個人の経験に関わる個体発生的要因、である。これら4つのシステムは、入れ子状に立体的に重なり合っており、大きなシステムが小さなシステムの外的環境として影響を与えるのみならず、小さなシステムも大きなシステムの内的環境として影響を与える。このようにして4つのシステムは相互作用を行う。入れ子型エコロジカル理論のマクロ・システムはマクロ次元に、外システムとミクロ・システムはメゾ次元に、個体発生的要因はミクロ次元に対応している。

　4つのシステムの相互作用について、子ども虐待を例として考えてみよう。子ども虐待の発生を説明する理論の中に、子どもの側のヴァルネラビリティ（攻撃誘発性）を強調するものがある（Kadushin & Martin, 1981）。子どもが病弱である、何らかのハンディキャップがある、親が期待する能力、資質、容姿を持っていない等の場合、これらの子どもの特性が親の暴力を誘発するという議論である。親が期待する能力を持っていない子、ハンディキャップがある子が悪いと言わんばかりのこの説明には欠点がある。期待する容姿・能力を持たない子ども、ハンディキャップがある子の特性が暴力の原因なのではなく、親達がそれをどう認識するか、意味づけるかが原因なのである。つまり個体発生的要因ではなく、それが親子間相互作用のなかでどう認識され、意味づけられるかというミクロ・システムに属する要因が暴力を生じさせる。また子どもの特性を親が認識し、意味づける場合に、全体社会に共有される育児あるいは子どもの発達に関する価値観、文化が基準となる。この基準はマクロ・システムに属するものである。また、その家族が、教育熱心で子どもの心身の発達に高い関心を持つ中産階級中心の文教地区に住んでいる場合、認識・意味づけの基準となる価値観、文化は家族とりわけ親達に強く内在化されていると推測される。これは社会・経済的要因であり、外システムに属するものである。

　入れ子型エコロジカル理論モデルにおいては、入れ子の一番外側、最も包括的なシステムとして、マクロ・システム（文化、価値・規範）が位置付けられてい

る。ファミリー・バイオレンスの研究および具体的な取組では、とりわけ子ども虐待、少年による家庭内暴力において、文化的、価値・規範的要因に対する関心が比較的薄かったのではないかと思う。しかし第Ⅱ章Ⅱ-1で見たように、WHOが2016年に発表した虐待のリスク要因のリストでは、文化、価値・規範的要因に大きなスペースをさいている。たとえば、他者への暴力を促進し、称揚する規範、体罰の使用を支持する規範、厳格なジェンダー役割を要求する規範、親子関係において子どもの地位を低下させる規範等々である。これらは、文化、価値・規範であるゆえにあらゆる家庭に浸透し、それと分からぬうちに虐待のリスクを高めるものである。入れ子型エコロジカル理論は、ファミリー・バイオレンスの発生における文化、価値・規範的要因の重要性を認識させる。

④地域性

臨床社会学では「地域性」を重視するがそれには2つの意味がある。第1は臨床社会学の実践の場としての地域社会ということであり、第2は、臨床社会学的分析の対象としての地域社会ということである。まず第1について考えていきたい。

第Ⅴ章で見たように、アメリカの「児童虐待とネグレクトに関する国家勧告委員会」（U. S. Advisory Board on Child Abuse and Neglect）は、1990年に発表した報告の中で、「近隣に基盤を置いたアプローチ（neighborhood-based approach）」を提唱した（USABCAN, 1993：81）。委員会はこのアプローチについて「我々は人種、階級、年齢等による壁を打ちこわし、互いに配慮してケアし合うコミュニティを創造し、その中で互いの家族をサポートし合い子ども達を保護する必要がある」と述べている（USABCAN, 1993：82）

この提唱に基づき、デューク大学の基金により実施されたのが、クレムゾン大学の「家族・近隣生活研究所（Institute of Family and Naighborhood Life）」による「子どもたちのための強いコミュニティ（Strong Community for Children）」プロジェクトであった（Melton, 2009：87-89）。このプロジェクトでは、アウトリーチ・ワーカーのリーダーシップのもと、住民ボランティアが小児科的ケア、児童教育、地域で暮らし幼い子どもがいるすべての家庭が利用可能な諸サービス等を提供し、支援を行った。

「アウトリーチ」という概念は地域社会と分かちがたく結びついている。支援を必要な人々のための法や制度がたとえ整備されていたとしても、彼らが自ら役所へ出向きこれらの制度を利用するための手続きを行うかどうか疑問である。むしろ支援を必要とする人ほど、手続きのための時間が無い、手続きが煩瑣である等の理由で、支援を受けていないというのが実状ではないか。アウトリーチはこのような現実を踏まえて創出された概念・方法であり、支援者自らが支援を必要とする人々のもとに、地域社会の中へ、出向いていくのである。

このような考え方はすでに1960年代から存在していた。1960年代～70年代におけるアメリカの地域精神保健政策では、病院を中心とするケアよりも地域社会の中でのケアを重視した。この考え方においては、専門家は診察室に閉じこもってクライエントが訪れるのを待つ「ウェイティング・モード（waiting mode）」から、自らが積極的に地域社会に入りクライエントに接近していく「シーキング・モード（seeking mode）」に変化すべきであるとされた。具体的には地域社会とりわけスラム等の地域で24時間サービスの気軽に訪れることができる「ウォーク・イン・クリニック」を開設すること、また在宅あるいは社会復帰途上の精神障がい者が地域社会で生活していくのを援助する心理臨床家、ソーシャル・ワーカー、保健師、市民ボランティア等から構成されるソーシャル・サポート・ネットワークを形成すること等があげられる。

臨床社会学について考えると、社会学、とりわけ社会病理学、家族社会学、犯罪社会学における知的ストックは膨大であり、現代のさまざまな社会問題の解決に有効な手段を提供できるが、実際は学界の内部で死蔵されている。これらの知的ストックの日常的活用のためにも、たとえば社会学的ウォーク・イン・クリニックを地域社会に開設し、相談活動を行う等の案が考えられる。現代の社会問題とりわけ子ども虐待、配偶者暴力、高齢者虐待、少年による家庭内暴力、少年非行等は、事前の相談活動を懇切に行うことで未然に防止できるはずであり、その必要性が高まっている。

「地域性」の2番目の意味は、臨床社会学の分析の対象としての地域社会ということである。臨床社会学では、個人の「状況の定義」また家族等の集団における「社会的文脈」（相互作用のパターン）の修正を援助することによって問題の解決が目指されるが、個人あるいは家族システムの内部の営みだけではどのように頑張っても不十分である場合が多い。家族等のシステムの外部環境すなわち法、

制度、政策、社会的ネットワーク等の充実と整備が必要であり、外部環境も臨床社会学的分析の対象となる。中でも地方自治体の政策は、もっとも身近な外部環境として家族システム等に与える影響は大きく、かつ具体的である。臨床社会学者は、このようなものとしての地方自治体の政策を分析・検討しまた自らも「政策過程」に参加していく。「政策過程」とは広い概念で、政策の形成、実施、評価の全て含んでいる。本書においても平成17年と平成24年に全国の都道府県に対して筆者が実施した、「子ども虐待への政策的対応」に関する質問紙調査およびインタビュー調査について詳細に報告し、内容を検討した。その結果、地方自治体は国の子育て支援政策、児童福祉政策の大枠に沿いながらも、それぞれが創意工夫をこらして独自の事業展開を行っていることが明らかになった。また地方自治体は、地域社会におけるさまざまな組織・集団に働きかけてネットワーク化して連携を強化し、また個々人に対しては支援・啓発を行っている。

全国で地域社会の衰退が言われる今、孤立しがちで日常的・身近な支援を必要とする子ども、高齢者、障がいのある人、単親家族、在日外国人等のためにこそ「強いコミュニティ」の創生が必要なのではないか。

文献一覧
(アルファベット順)

Ainsworth, M. D. S. et al., 1978, *Patterns of Attachment*. Lawrence Earlbaum.
Alvarez, A & Bachman, R. 2008, *Violence: The Enduring Problem*, Sage Publications.
American Academy of Family Physicians, 2004, "*Violence*" (position paper).
American Psychiatric Association, 2000, *Diagnostic and Statistical Mannual of Mental Disorders (4th ed TR)*. (=2002、高橋三郎他訳『DSM-IV-TR 精神疾患の分類と診断の手引』医学書院)
青木豊、2008、「アタッチメントの問題とアタッチメント障害」『子どもの虐待とネグレクト』第10巻第3号
Bateson, G. et al., 1956, "Toward a theory of schizophrenia" *Behavioral Science*, 1 (4): 252-264.
Belsky, J., 1993, "Etiology of child maltreatment" *Psychological Bulletin,* 114: 413-434.
Bowlby, J., 1969, *Attachment and Loss*, Basic Books.
Broderick, C. B., 1990, "Family process theory" in Sprey, J. (ed.) *Fashioning Family Theory*, Sage Publications.
Bronfenbrenner, U. 1979, *The Ecology of Human Development*, Harvard University Press.
Bruhn, J. G. & Rebach, H. 1996, *Clinical Sociology*, Plenum.
Carson, E. A., 1989, "Disorganized/disoriented attachment relationships in maltreated infants" *Developmental Psychology*, 25.
Cottorell, P. & Monk, P. 2004, "Adolescent-to-parent abuse" *Journal of Family Issues* 25: 1072-1095.
Crouch, J. L. & Behl, L. E. 2001, "Relationships among parental beliefs in corporal punishment, reported stress, and physical child abuse potential" *Child Abuse and Neglect* 25: 413-419.
Daro, D., 2009, "The history of science and child abuse prevention: a reciprocal relationship" in Dodge, K. A. et al. (eds.) *Preventing Child Maltreatment: Community Approaches*. The Guilford Press.
deMause, L., 1982, *The Evolution of Childhood*, Orion Press. (=1990、宮澤康人他訳『親子関係の進化』海鳴社)
Dutton, D. G., 1985, "An ecological nested theory of male violence toward intimates" *International Journal of Women's Studies* 8: 404-413.
遠藤利彦・数井みゆき編、2005、『アタッチメント』ミネルヴァ書房
Erickson, M. F. & Egeland, B. 2002, "Child neglect" in Myers, J. E. et al. (eds.) *The APSAC Handbook on Child Maltretment*, Sage Publications.
Ewen, D. & Matthews, H. 2007, *Title 1 and Early Childhood Programs: A Look at Investment in NCLB Era* (Series Paper No. 2), Center on Law and Social Policy of Child Care and Early Education.
Farrington, K., 1986, "The application of stress theory to the study of family violence" *Journal of Family Violence*, 1: 131-147.
Foucault, M., 1963, *Naissance de la Clinique*, PUF (=1969、神谷美恵子訳『臨床医学の誕生』みすず書房)

Fritz, J. M. ed. 1991, *The Clinical Sociology Resource Book*, American Sociological Association and the Sociological Practice Association.
Giles-Sims, J., 1983, *Wife Battering;A System Theory Approach*, Guilfoed Press.
Goldberg, S., 2000, *Attachment and Development*, Arnold.
原田正文、2008、『完璧志向が子どもをつぶす』筑摩書房
長谷川眞人・堀場純矢編、2005、『児童養護施設と子どもの生活問題』三学出版
Herman, J. L., 1992, *Trauma and Recovery*, Basic Books (=1999、中井久夫訳『心的外傷と回復』（増補版）みすず書房）
Health Canada, 2001, *Parent Abuse:The Abuse of Parents by their Teenage Children*, Otawa, Canada: The National Clearinghouse on Family Violence.
Hines, D. A. & Malley-Morrison, K. 2005, *Family Violence in the United States: Defining, Understanding and Combating Abuse*, Sage Publicaions.
Holt, A., 2013, *Adolescent-to-Parent Abuse:Current Understanding in Research, Policy and Practice*, The Policy Press.
Howes, C. 1999 "Attachment relationships in the context of multiple care givers" in Cassidy, J. et al. (eds.) *Handbook & Attachment*, Guilford.
Howes, P. W. et al., 2000, "Affective, structural, and relational characteristics of maltreating families: a systems perspective" *Journal of Family Psychology* 14: 95-110.
井上眞理子、2005、『ファミリー・バイオレンス：子ども虐待発生のメカニズム』晃洋書房
─────、2007、『リスク・ファミリー：家事調停の現場から見た現代家族』晃洋書房
─────、2011、「家族と暴力：ファミリー・バイオレンスの発生とそれへの対応」『フォーラム現代社会学』第10号
─────、2013、『家族社会学を学ぶ人のために』（編著）世界思想社
─────、2014、「閉ざされた扉の陰で」『Becoming』第34号
─────、2015、「現代日本の家族の脆弱さと共生社会」橘木俊詔編『共生社会を生きる』晃洋書房
─────、2017、「共生社会における子育て・子育ち」宝月誠監修『共生社会論の展開』晃洋書房
Kadushin, A. & Martin, J. A. 1981, *Child Abuse*, Columbia University Press.
Kalter, N., 1990, *Growing Up with Devorce*, Free Press.
Karloy, L. A. et al., 1998, *Investing in Our Children*, Rand.
Kelley, K. D. & Totten, M. 2002, *When Children Kill*, Broadview Press.
Kempe, C. H. et al., 1962, "The battered child syndrome" *Journal of American Medical Association*, 181
Knoke, D., 2009, *Strategies to Enhance Substance Abuse Treatment for Parents Involved in Child Welfare*, CECW Information Sheet #72E.
Korbin, J. E., 1980, "The cultural context of child abuse and neglect" *Child Abuse and Neglect* 4: 3-13.
Levesque, R. J., 2001, *Culture and Family Violence*, American Psychological Association.
Melton, G. B., 2009, "How strong communities restorted my faith in humanities: Children can live in safety" in Dodge, K. A. et al. (ed.) *Preventing Child Maltreatment: Community Approaches*, The Guilford Press.
Merton, R. K., 1949, *Social Theory and Social Structure*, The Free Press (=1961、森東吾他訳

『社会理論と社会構造』みすず書房）
森田喜治、2006、『児童養護施設と被虐待児』創元社
Nelson, B., 1984, *Making an Issue of Child Abuse,* University of Chicago Press.
National Center on Elder Abuse, 1999, *National Elder Abuse Incidence Study of* 1996.
西澤哲、2008、「施設養育におけるアタッチメントの形成」『子どもの虐待とネグレクト』第10巻第3号
太田素子、2007、『子宝と子返し：近世農村の家族生活と子育て』藤原書店
Olds, D. et al., 2007, "Programs for parents of infants and toddlers" *Journal of Child Psychology and Psychiatry,* 48（3,4）: 355-391.
Routt, G. & Anderson, L. 2011, "Adolescent violence towards parents" *Journal of Aggression, Maltreatment and Trauma,* 20（1）: 1-19.
Runyan, D. K., et al., 2009, "International variations in harsh child discipline" *Pediatrics.* Manuscript accepted for publication.
Sabol, W. et al., 2004, "Measuring child maltreatment risk in communities", *Child Abuse and Neglect,* 28, 967-983.
Sciamberg, L. B. & Gans, D. 2000, "Elder abuse by adult children", *International Journal of Aging and Human Development,* 50: 329-335.
Shean, G., 1978, *Schizophrenia,* Winthrop.
塩田規子、2005、「ファミリーソーシャルワークと親子の再構築」北川清一編『児童福祉施設と実践方法』中央法規
生島浩、1999、『悩みを抱えられない少年たち』日本評論社
Snyder, H. N. & McCurley, C. 2008, "Domestic assult by juvenile offenders" *Juvenile Justice Bulletin,* Washington, DC, Office of Justice Progams.
Straus, M. A., 1973, "A general systems approach to a theory of violence between family members" *Social Science Information,* 12: 105-125.
Straus, M. A. & Gelles, R. J. 1990, *Physical Violence in American Families,* Transaction Press.
杉山登志郎、2007、『発達障害の子どもたち』講談社
Sullivan, H. S., 1973, *Chinical Studies in Psychiatry,* Norton (=1986、中井久夫監訳『精神医学の臨床研究』みすず書房）
Tajima, E. A., 2000, "The relative importance of wife abuse as a risk factor for violence against children", *Child Abuse and Neglect,* 24: 1383-1398.
高岡健、2005、「少年事件における広汎性発達障害と人格障害」『法と精神医療』第19号
滝川一廣、2008、「『発達障害』をどう捉えるか」松本雅彦・高岡健編『発達障害という記号』批評社
滝井泰孝、1999、「英国における児童虐待の実態と取組について」『子ども虐待とネグレクト』第10巻第1号
Theodorson, G. A. & Theodorson, A. G. 1969, *A Modern Dictionary of Sociology,* Barn.
Thibau, J. W. & Kelley, H. H. 1959, *The Social Psychology of Groups,* Wiley.
Thomas, W. I., 1928, *The Child in America: Behavior Problems and Programs,* Knopf.
徳岡秀雄、1986、「庶民家族におけるしつけ」柴野昌山他編『リーディングス　日本の社会学16　教育』東京大学出版会
U. S. Department of Health and Human Services, 1981, *First National Study of Incidence and Severity of Child Abuse and Neglect,* Washington, DC: U. S. Government Printing Office.

―, 1988, *Second National Study of the Incidence and Severity of Child Abuse and Neglect*, Washington, DC: U. S. Government Printing Office.
―, 2006, *Child Maltretment 2004*, Washington, DC: U. S. Government Printing Office.
U. S. Advisory Board on Child Abuse and Neglect, 1990, *Child Abuse and Neglect: Critical First Steps in Response to a National Emergency*, Washinton, DC: U. S. Goverment Printing Office.
―, 1993, *Neighbors helping Neighbors:A National Strategy for the Protection of Children*, Washinton, DC: U. S. Government Printing Office.
Weber, M., 1922, *Wirtscaft und Gesellscaft, J. C. B. Mohr* (=1972、清水幾太郎訳『社会学の根本概念』岩波書店）
Walff, R. P., 1971, "Violence and ths law" in Walff (ed.) *The Rule of Law*, Simon & Schste: 54-72.
Watzlawick, P. et al., 1967, *Pragmatics of Human Communication, Norton*.
Wald, M. S., 2009, "Preventing maltreatment or promoting positive development ― where should a community focus its resources: policy approach" in Dodge, K. A. et al. (eds), *Preventing Child Maltreatment, The Guilford Press*.
Whipple, E. E. et al., 1991, "The role of parental stress in physically abusive families", *Child Abuse and Neglect*, 15: 279-291.
Wieviorka, M., 2009, *Violence,* Sage Publications.
World Health Organization, 2016, *Child Maltretment: Fact Sheet.,* World Health Organization Media Center.
Wulcyzn, F. et al., 2005, *Beyond Common Sense: Child Welfare, Child Well-being, and the Evidence for Policy Reform,* Aldine-Transaction.
Wurtele, S. et al. 1992, *Preventing Child Sexual Abuse: Sharing the Responsibility,* University of Nebraska Press.
全国児童養護施設協議会、2007、『子ども家庭福祉・社会的養護に関する意見提出』

児童虐待への政策的対応についての調査

平成 17 年 11 月 30 日

京都女子大学現代社会学部教授　　井上眞理子

　このたびは調査にご協力戴きまして、誠に有難うございます。
　この調査は、独立行政法人日本学術振興会科学研究費補助金（基盤研究（C）、平成 17 年度）による研究「子ども虐待への臨床社会学的介入」の一環として、全国の都道府県を対象として行われるものです。調査票へのご回答を、本研究以外の用途に用いることは決してございません。
　本調査についての疑問等がございましたら、井上研究室までご連絡下さい（TEL.０７５－５３１－９１６８）。ご回答戴きました調査票は、同封の返信用封筒にて**12月20日(火)までに**ご返送下さい。

問Ⅰ、児童虐待発生予防のためには、虐待ハイリスク家庭の把握とリスクの低減が重要です。そのために、どのような政策を実施しておられますか、具体的にお書き下さい。
　　　また子育て家族を孤立化させない一般子育て支援政策についても、お聞かせ下さい。

問Ⅱ、児童虐待防止を目的とする市町村地域でのネットワークについてお尋ねします。
　①　貴自治体内でネットワークを設置している市町村の数は？

　②　ネットワークの主な参加機関は？

　③　主な活動は？

　④課題は？

　問Ⅲ、平成 16 年 10 月の改正児童虐待防止法において、地方公共団体の責務は児童虐待の予防及び早期発見から被虐待児童の自立の支援まで各段階にわたると明記されています。このことを踏まえ、貴自治体における児童虐待への政策的対応の特徴、また有効な点、問題点等をお聞かせください。

「虐待を受けた子どもと児童養護施設」についての調査

平成20年2月

京都女子大学現代社会学部教授　井上眞理子

　このたびは調査にご協力戴きまして、誠に有難うございます。
　この調査は、独立行政法人日本学術振興会科学研究費補助金（基盤研究（C）、平成18〜19年度）による研究「子ども虐待への対応における家族介入的方法の有効性と問題点」の一環として行われるものであり、虐待を受けた子どもに対する児童養護施設におけるケアについてお尋ねすることを目標としています。調査対象は，全国の児童養護施設から系統抽出法で抽出させて戴きました。
　子ども虐待は現代日本において大きな社会問題となっており、多方面からの早急な取組みが必要とされています。何とぞ本調査によろしくご協力ください。調査票へのご回答を、本研究以外の用途に用いることは決してございません。ご回答戴きました調査票は同封の返信用封筒にて3月15日（土）までにご返送下さい。

****
　この調査についてのお問い合わせは、下記までお願い致します。
〒605－8501　京都市東山区今熊野北日吉町35　京都女子大学現代社会学部
　　教授　　井上眞理子
TEL．075—531－9168（研究室直通）
****

問1、 入所児童数およびその年齢別構成についてお聞かせください。

　　　　0～3歳未満　　　　　　　　　　人
　　　　3～学齢前児童　　　　　　　　　人
　　　　小学校低学年（1～3年）　　　　人
　　　　小学校高学年（4～6年）　　　　人
　　　　中学校　　　　　　　　　　　　　人
　　　　高校・その他　　　　　　　　　　人

問2、 養護問題発生理由別児童数についてお聞かせください。

　　　　父あるいは母の死亡　　　　　　　人
　　　　父あるいは母の行方不明　　　　　人
　　　　父母の離婚　　　　　　　　　　　人
　　　　父母の不和　　　　　　　　　　　人
　　　　父あるいは母の拘禁　　　　　　　人
　　　　父あるいは母の入院　　　　　　　人
　　　　父あるいは母の就労　　　　　　　人
　　　　父あるいは母の精神疾患等　　　　人
　　　　父あるいは母の放任・怠惰　　　　人
　　　　父あるいは母の虐待・酷使　　　　人
　　　　棄児　　　　　　　　　　　　　　人
　　　　養育拒否　　　　　　　　　　　　人
　　　　破産等の経済的理由　　　　　　　人
　　　　児童の問題による監護困難　　　　人
　　　　その他（具体的にお書きください）　人

問3、入所児童のうち被虐待経験を持つ子どもの抱える問題について、お聞かせください
　　　（自由記述）。

問4、 2001年3月の通達により、虐待等による心的外傷の心理療法のための職員の配置が定められました。貴施設における心理療法を行う職員の活動内容についてお聞かせください（自由記述）。

問5、 2004年4月から「小規模グループケア実施要綱」が定められ実施されています。貴施設における小規模グループケアの活動内容についてお聞かせ下さい（自由記述）。

問6、 入所児の家族との交流について、形態別の人数をお聞かせください。

　　　交流あり
　　　　帰省　　　　　　　　　　　　　　　人
　　　　面会　　　　　　　　　　　　　　　人
　　　　電話手紙連絡　　　　　　　　　　　人

　　　交流無し
　　　　　　　　　　　　　　　　　　　　　人

　　　その他　　　　　　　　　　　　　　　人

問7、 2004年4月から「家庭支援専門相談員(ファミリー・ソーシャルワーカー)」を配置することになりました。貴施設における家庭支援専門相談員の活動内容についてお聞かせください(自由記述)。

ご協力有難うございました。

「少年による家庭内暴力」についての調査

平成 23 年 1 月

京都女子大学現代社会学部教授　　井上眞理子

　このたびは調査にご協力戴きまして、誠に有難うございます。この調査は、独立行政法人日本学術振興会科学研究費補助金（基盤研究（C）、平成 20～22 年度、課題番号 20530494）による研究「家庭内暴力発生のダイナミックスと有効な対応」の一環として行われるものであり、少年による家庭内暴力の現状を明らかにし、また有効な対応の方法を探ることを目標としております。調査対象と致しまして、少年による家庭内暴力・引きこもりの問題に取組む全国の民間団体から無作為抽出し、貴団体に調査票を送付させて戴いた次第です。

　少年による家庭内暴力は、現代日本において大きな社会問題となっており、多方面からの早急な取組みが求められています。ご多忙中恐縮ですが、何卒本調査によろしくご協力ください。調査票へのご回答を、本研究以外の用途に用いることは決してございません。またご回答は、職務上の守秘義務の範囲内で結構です。

　ご回答戴きました調査票は同封の返信用封筒にて、1月31日（月）までにご返送下さい。

****
　この調査についてのお問合せは、下記までお願い致します。
〒605-8501　京都市東山区今熊野北日吉町 35　京都女子大学現代社会学部
　　　　　教授　　　井上眞理子
TEL．　075-531-9168（研究室直通）
****

問1、 少年による家庭内暴力の相談件数の過去5年間の推移をお聞かせください。

　　　平成18年　　　　　平成19年　　　　　　平成20年
　　　平成21年　　　　　平成22年

問2、 平成22年中の家庭内暴力相談の対象となった少年の内訳をお聞かせ下さい。

　　　小学生　　　　中学生　　　　　高校生　　　　　浪人生
　　　有職少年　　　無職少年　　　　その他

問3、 平成22年の家庭内暴力の類型別相談件数をお聞かせください。

　　　家庭内暴力のみ
　　　家庭内暴力＋不登校・引きこもり
　　　家庭内暴力＋不良行為・非行
　　　家庭内暴力＋登校拒否＋不良行為・非行

問4、 平成22年の家庭内暴力の対象別件数をお聞かせください。

　　　母親　　　　　　　父親　　　　　　　　兄弟姉妹
　　　同居の親族　　　　物　　　　　　　　　その他

問5、 平成22年の家庭内暴力の原因・動機別件数をお聞かせください。

　　　しつけ等親の態度に反発して
　　　非行をとがめられて
　　　物品の購入要求が受け入れられず
　　　勉強をうるさく言われて
　　　理由もなく
　　　不明

問6、 相談活動を通じて認知された、少年による家庭内暴力が発生した家庭の大体の傾向をお聞かせください（概略で結構です）。

家庭の職業
専門管理　　　　　　　　事務・販売　　　　　　　　自営
農業　　　　　　　　　　ブルーカラー　　　　　　　無職

両親の学歴
小学校　　　　　　　　　中学校　　　　　　　　　　高校
大学・短大

両親の性格傾向

問7、 相談活動を通じて認知された、少年による家庭内暴力が発生した家庭の親子関係の特徴についてお聞かせください（大体の傾向で結構です。自由記述）。

問8、 家庭内暴力に走った少年の性格特性について、相談活動を通じての知見をお聞かせください（自由記述）。

問9、 少年による家庭内暴力についての相談に対して、どのような方針で、またどのようなことに留意して助言・指導をなさっておられるのでしょうか？具体的にお聞かせ下さい（自由記述）。

問10、 上記の助言・指導は、家族にどのように受け止められ、家族にどのような良い変化をもたらしているでしょうか？お聞かせ下さい（自由記述）。

　　　　　　　　　　　　　　　　　　　　　　ご協力ありがとうございました。

「青少年による家庭内暴力」についての調査

平成 28 年 11 月

奈良学園大学ビジネス学部教授　　井上眞理子

　このたびは調査にご協力戴きまして、誠に有難うございます。
　この調査は、独立行政法人日本学術振興会学術研究助成基金助成金（基盤研究（C）、平成 26～28 年度、課題番号 26380729）による研究「青少年の家庭内暴力に対する取組と家族への支援」の一環として行われるものであり、青少年による家庭内暴力の現状を明らかにし、また有効な対応の方法を探ることを目標としております。調査対象と致しまして、都道府県警察本部少年課に質問紙を送付させて戴いた次第です。
　青少年による家庭内暴力は現代日本において社会問題化しており、様々な方面からの早急な取組が求められています。ご多忙中恐縮ですが、なにとぞ本調査によろしくご協力ください。質問紙へのご回答を、本研究以外の目的で用いることは決してございません。またご回答は、職務上の守秘義務の範囲内で結構です。
　ご回答戴ました質問紙は同封の返信用封筒にて、12 月 20 日（火）までにご返送ください。

＊＊＊＊＊＊＊＊＊＊＊＊＊＊＊＊＊＊＊＊＊＊＊＊＊＊＊＊＊＊＊＊＊＊＊
　この調査についてのお問い合わせは、下記までお願い致します。

〒636－8503　　奈良県生駒郡三郷町立野北 3－12－1、奈良学園大学ビジネス学部
　　　　　　　　教授　　井上眞理子
TEL.　0745-73-7800（代表）
＊＊＊＊＊＊＊＊＊＊＊＊＊＊＊＊＊＊＊＊＊＊＊＊＊＊＊＊＊＊＊＊＊＊＊

問1、青少年による家庭内暴力の相談件数の過去5年間の推移をお聞かせください。

  平成23年　　　　　平成24年　　　　　平成25年
  平成26年　　　　　平成27年

問2、平成27年度中の家庭内暴力相談の対象となった青少年の内訳をお聞かせください。

  小学生　　　　中学生　　　　高校生　　　　浪人生

  有職少年　　　無職少年　　　その他

問3、平成27年度中の家庭内暴力の類型別相談件数をお聞かせください。

  家庭内暴力のみ
  家庭内暴力＋不登校・引きこもり
  家庭内暴力＋不良行為・非行
  家庭内暴力＋不登校＋不良行為・非行

問4、平成27年度中の家庭内暴力の対象別件数をお聞かせください。

  母親　　　　　父親　　　　　兄妹姉妹
  同居の親族　　物　　　　　　その他

問5、平成27年度中の家庭内暴力の原因・動機別件数をお聞かせください。

  しつけ等親の態度に反発して
  非行をとがめられて
  物品の購入要求が受け入れられず
  勉強をうるさく言われて
  理由もなく
  その他

問6　相談活動を通じて認識された、青少年による家庭内暴力が発生した家庭の特徴をお聞かせください（概略で結構です）。

両親の職業(多い順に1〜3位まで、専門管理、事務・販売、自営、農業、ブルーカラー、無職、から選んでください)。

父親　①　　　　　　　　②　　　　　　　　③
母親　①　　　　　　　　②　　　　　　　　③

両親の学歴(多い順に1〜3位まで、小学校、中学校、高校、短大、4年制大学、大学院、専門学校、から選んでください)。

父親①　　　　　　　　②　　　　　　　　③
母親①　　　　　　　　②　　　　　　　　③

両親の性格傾向(大体の傾向で結構です。自由記述)

父親

母親

問7　相談活動を通じて認識された、青少年による家庭内暴力が発生した家族内の人間関係の特徴についてお聞かせください（大体の傾向で結構です。自由記述）。

父子関係

母子関係

きょうだい関係

夫婦関係

問8、 家庭内暴力に走った青少年の性格特性、および家庭内暴力の経過について、相談活動を通じての知見をお聞かせください（自由記述）。

問9、 青少年による家庭内暴力についての相談に対して、どのような方針で、またどのようなことに留意して助言・指導をなさっておられるのでしょうか？具体的にお聞かせください（自由記述）。

問10、警察庁の資料によれば少年による家庭内暴力の認知件数は増加していますが、民間団体での相談件数は激減しています（井上調査による）。この現象についてのお考えをご教示ください（自由記述）。

ご協力ありがとうございました。

あとがき

「ママもうパパとママにいわれなくても／しっかりとじぶんから／きょうよりかもっと／あしたはできるようにするから
もうおねがいゆるして ゆるしてください／おねがいします
ほんとうにもうおなじことはしません／ゆるして」

　これは義父と実母から「しつけ」と称して過酷な身体的虐待とネグレクトを受け、そのため2018年3月に亡くなった5歳の女児が書いたものである。一家は同年1月に香川県X市から東京都Y区に転居してきたが、香川県在住時から虐待が行われ、女児は一時保護されたこともあった。1月に東京に転居した直後から、義父と実母は女児に十分な食事を与えず栄養失調状態に陥ったにも関わらず放置し、3月に低栄養状態から起きた肺炎による敗血症で死亡させた。義父と実母は6月に保護責任者遺棄致死罪で起訴された。

　この報道に接し、多くの疑問が生じた。香川県の児童相談所と東京の児童相談所との間の情報伝達はどうなっていたのか、問題が共有されていたのか？ 2月に義父が女児を殴って傷害容疑で逮捕、起訴されたのになぜその時点で女児は一時保護されなかったのか、多くの子ども達が虐待のために命を落とすのに有効に対処できないほど我々は無力なのか等々。

　児童相談所の職員の方々が1人で多くの案件を抱えている実態を考えれば、虐待問題への対応は個人的努力や熱意に帰すべきものではないことはよくわかる。いま必要なのは、個人の更なる努力ではなく、児童相談所、市町村役所、警察また市民団体やNPOも巻き込んだ「仕組みづくり」であろう。仕組みを有効に働かすために、虐待問題に関するデータ・ベース（個々の案件とそれに対する措置・経過についての情報も含まれる）を整備し、都道府県の枠を超えて関係者が共有することが必要であろう。また仕組みを裏付ける法や制度の整備、権限の付与も必要であろう。このようなことを筆者は本書において考えてきた。

本書は児童虐待問題および少年による家庭内暴力問題に対し、社会学的に、本書の主要な理論枠組となった「入れ子型エコロジカルモデル」に基づいて分析し解決の方策を探るものである。「現場」を知らない研究者の傲慢さを批判する声が聞こえそうだが、筆者は大学教員であると同時に家庭裁判所家事調停委員も14年にわたって務め、その中で多くの配偶者暴力、また児童虐待の案件にも出会ってきた。決して「現場」を知らないわけではない。また筆者が行った「現場」に関する複数の調査によっても研究は支えられている。筆者が実施した調査は以下のような研究補助金を得て可能となった。ここに記して日本学術振興会に心より御礼申し上げる。

　またご多忙中、質問紙調査・インタビュー調査にご協力戴いた全国の都道府県庁児童虐待対応課、都道府県警察本部少年課、児童養護施設、少年の家庭内暴力に取り組む民間団体の皆様にも感謝の気持を送りたい。

①平成16〜17年度科学研究費補助金　基盤研究（C）（日本学術振興会）
　研究課題名「子ども虐待への臨床社会学的介入」、研究代表者
②平成18〜19年度科学研究費補助金　基盤研究（C）（日本学術振興会）
　研究課題名「子ども虐待への対応における家族介入的方法の有効性と問題点」、研究代表者
③平成20〜22年度科学研究費助成事業助成金　基盤研究（C）（日本学術振興会）
　研究課題名「家庭内暴力発生のダイナミクスと有効な対応」、研究代表者
④平成23〜25年度科学研究費助成事業助成金　基盤研究（C）（日本学術振興会）
　研究課題名「地域社会を基盤とする子ども虐待防止：行政の政策と民間の活動」、研究代表者
⑤平成26〜28年度科学研究費助成事業助成金　基盤研究（C）（日本学術振興会）
　研究課題名「青少年の家庭内暴力に対する民間団体の取組と家族への支援」、研究代表者

　2018年7月15-21日にカナダのトロントで国際社会学会世界社会学会議が開催されたが、筆者は本書の内容に基き、*Family Violence and Community Intervention in Japan* と題する報告を行ったことを付け加えておきたい。

　最後に本書の刊行を快くお引き受け戴き、配慮の行き届いた編集作業を行って

戴いた多賀出版株式会社代表取締役佐藤和也氏に心よりの御礼を申し上げます。

井上眞理子

著者紹介

井上眞理子（いのうえ　まりこ）

1976年　京都大学大学院文学研究科博士課程社会学専攻修了　文学博士（京都大学）
大阪府立女子大学教授、京都女子大学教授を経て2013年から奈良産業大学（現奈良学園大学）教授（2018年まで）、京都家庭裁判所家事調停委員（2002年〜2015年）、日本社会病理学会理事、大阪府羽曳野市男女共同参画推進審議会会長

主要業績

『ファミリー・バイオレンス：子ども虐待発生のメカニズム』（単著）晃洋書房、2005年
『リスク・ファミリー：家事調停の現場から見た現代家族』（単著）晃洋書房、2007年
『家族社会学を学ぶ人のために』（編著）世界思想社、2013年
『現代家族のアジェンダ：親子関係を考える』（編著）世界思想社、2004年
『社会病理学講座第2巻・欲望社会』（共編著）学文社、2003年
『ファミリズムの再発見』（共編著）世界思想社、1995年
『共生社会論の展開』（共著）晃洋書房、2017年
『共生社会を生きる』（共著）晃洋書房、2015年
『社会調査事典』（共同執筆）丸善出版株式会社、2014年
『命題コレクション社会学・文庫版』（共同執筆）筑摩書房、2011年
『社会学事典』（共同執筆）丸善出版株式会社、2010年
『医療化のポリティックス：近代医療の地平を問う』（共著）学文社、2006年
『社会的コントロールの現在』（共著）世界思想社、2005年
『社会病理学講座第4巻・社会病理学と臨床社会学』（共著）学文社、2004年
『臨床社会学のすすめ』（共著）有斐閣、2000年
『講座社会学第10巻・逸脱』東京大学出版会、1999年
訳書：J. ブレイスウェイト『企業犯罪』（監訳）三一書房、1992年

他多数

ファミリー・バイオレンスと地域社会：臨床社会学の視点から

2018年10月25日　第1版第1刷発行

ⓒ著　者　井上眞理子
発行所　多賀出版株式会社

〒102-0072　東京都千代田区飯田橋3-2-4
電　話：03（3262）9996㈹
E-mail:taga@msh.biglobe.ne.jp
http://www.taga-shuppan.co.jp/

印刷／文昇堂　製本／高地製本

〈検印省略〉　　　　　　落丁・乱丁本はお取り替え致します。

ISBN978-4-8115-7981-8　C1011